À Maxime Switek,

W0201746

Voyages au bout de la gauche

Une année de "folies" politiques à gauche. Laurent Telo.

DU MÊME AUTEUR

L'Histoire secrète du XV de France, Flammarion, 2007
Charlie Hebdo : le jour d'après, avec Marie Bordet, Fayard, 2017
« C'est toujours moi qui fais le sale boulot ». La vraie histoire du Baron noir, avec Marie Bordet, Fayard, 2019

Laurent Telo

Voyages au bout de la gauche

Stock

Couverture Le Petit Atelier

ISBN 978-2-234-09059-0

© Éditions Stock, 2022

Avertissement

Voici le récit des récents et trépidants voyages de la gauche au bout d'un insolite jeu de l'oie politique. Il y aura de quoi s'amuser. Il y aura des allers hasardeux et des retours périlleux, des raccourcis toxiques et des puits sans fond au fil de campagnes présidentielles réussies, incongrues ou pathétiques, racontées de l'intérieur. Il y aura des tours de passe-passe et des visites de labyrinthes, traversés par les sueurs froides d'incandescentes journées de négociations aux mystères dévoilés… Pour que la Nupes, un beau matin, apparaisse. La Nouvelle union populaire écologique et sociale qui a renversé le cours de la partie et embrasé le plateau de jeu. Il y aura des chausse-trapes, des coups de dés louches, des vainqueurs incertains et des perdants pour toujours. La gauche toute crachée.

Prologue

Dimanche 10 avril 2022 – Le corbillard du Parti socialiste

Il est minuit, la nuit n'est pas forcément éblouissante, la berline gris métallisé glisse avenue du Général-Leclerc, tout au bout du 14e arrondissement de Paris. À l'intérieur, trois « éminents » représentants du Parti socialiste ou plutôt de ce qu'il en reste. Le PS ressemble à un terrain vague relié à une voie de garage sous les lampadaires du crépuscule. Trois types pleins de mauvais frissons, les nerfs en pelote et le trouillomètre à 10 000 devant un tel massacre politique. Le grand parti de François Mitterrand happé dans un hors-champ définitif, leur championne vient de se heurter à une réalité inimaginable au premier tour de l'élection présidentielle, ce dimanche 10 avril. Seulement 616 478 Français ont voté pour le PS et Anne Hidalgo. Seulement 22 936 Parisiens ont voté pour leur maire. Le PS derrière Nicolas Dupont-Aignan ou Jean Lassalle. 1,75 %, score final, stade terminal.

Les trois pontes socialistes viennent de quitter un café chic et bondé, Le Poinçon, métro Alésia, défaite gauloise historique. La vie est chargée de symboles, mais ils n'ont pas la force de le relever. À l'intérieur du bistrot, c'est un grand nulle part, il fait bien sombre autour d'Anne Hidalgo et de son équipe de campagne. Il y a ses irréductibles soutiens, ils ne sont pas beaucoup, ils ont le moral au sous-sol, avec des têtes de cent mètres de long, qui tentent de ficeler un petit baratin de circonstance pour contenter les quelques journalistes qui ont daigné se déplacer.

La voiture a des airs de corbillard. Les trois doivent rallier le siège du parti pour une réunion de crise, ou une veillée funèbre, c'est selon. Depuis la porte d'Orléans, pour rallier le siège du PS, il suffit d'engloutir à bonne vitesse le périphérique sud, puis de se laisser rouler le long des quais de Seine plein est. L'affaire de dix minutes. Sauf que l'équipée est tellement perturbée par cet infiniment petit, 1,75 %, qu'elle rate le bon embranchement, se retrouve sur l'autoroute A6. Prochaine sortie, Orly.

Ils mettront finalement une heure pour rallier la rue Jules-Vanzuppe, à Ivry-sur-Seine. Le temps nécessaire pour commencer à sentir qu'on est vraiment aspiré vers le fond. Luc Broussy est penché sur le volant. Le président jovial du conseil national du parti, l'équivalent de son « parlement ». Au doigt mouillé, Luc Broussy, 56 ans, anonyme notoire, est environ le numéro 3 du PS, ce qui laisse mesurer l'étendue de la déliquescence de l'appareil socialiste.

Broussy est aussi un homme politique un peu particulier. Déjà parce qu'il est amateur de rock. Il est tellement pointu dans ce domaine qu'il est devenu directeur de la publication *Magic, Revue de pop moderne* en plus de ses responsabilités au PS. Particulier, aussi et surtout, parce qu'il y a quelques jours, pour tenter de conjurer la défaite, ce membre assumé de l'aile droite du parti a rédigé une note d'une dizaine de pages dans laquelle il enjoint au PS post-apocalypse de se recentrer drastiquement. Il écrit ceci : « Le Parti socialiste a des désaccords suffisamment irréductibles avec La France insoumise pour empêcher demain toute alliance électorale. Il faut donc désormais acter sans ambages qu'il n'est plus possible d'envisager le moindre scénario de gouvernance commune, ni aujourd'hui, ni demain, avec les Insoumis. » Il a adressé sa lettre d'intention à Olivier Faure, le premier secrétaire du parti, qui l'a parcourue avant de la ranger discrètement mais fermement dans le tiroir du bas. Broussy a aussi passé quelques coups de fil bien placés à l'Élysée, il y entretient des connaissances. Pour faire le point. Pour guetter si un rapprochement est possible. De manière confidentielle. Pour l'instant, on acte qu'il n'y aurait aucune stratégie d'alliance possible avec La République en marche (LREM). Pour l'instant… On en reparlera. Peut-être.

À la place du mort, il y a Pierre Jouvet. Le porte-parole du PS. 35 ans. Olivier Faure le prédestine à un avenir rose scintillant. À cette heure-ci, Pierre Jouvet n'est pas très connu mais, d'ici vingt jours, son visage de jeune premier sera passé mille fois à la télé. Dans vingt jours, il aura perdu cinq kilos. Dans vingt jours, il sera au centre de toutes les attentions, il sera l'un des artisans principaux de l'accord de la Nupes au terme d'intenses négociations secrètes. Dans vingt jours, il aura fait bifurquer l'histoire de la gauche. Mais il ne le sait pas encore. Pour l'instant, il fonce tout droit vers la nuit. Il ne voit pas bien où ils vont. À Orly ? Au siège du PS, mais pour quoi faire ? Dans le mur ? Il misait sur un ultime rebond miraculeux d'Anne Hidalgo. La veille, il y avait encore une marge d'effroi entre les prédictions les plus terrifiantes et la réalité tangible de la déroute. Là, il est plutôt très déprimé.

Il a encore la tête dans le rétroviseur de la campagne présidentielle. Il l'a écopé de bout en bout. Anne Hidalgo l'aimait bien, il est « smart » ce Jouvet, elle ne le connaissait pas, elle l'avait vite pris tout à côté d'elle. Il servait surtout de pigeon voyageur entre la candidate et Olivier Faure le Premier secrétaire du PS qui ne souhaitaient plus du tout s'adresser la parole. De l'issue de cette campagne, il avait tout compris il y a six mois déjà. Quand en gare de Saint-Vallier-sur-Isère, ville de 4 000 habitants dont il est maire, Anne Hidalgo avait engagé la conversation avec un guichet automatique de la SNCF pour déplorer qu'il ne soit pas un être humain. Véridique. Elle voulait montrer qu'une fois élue elle entendait réhumaniser les services publics. Durant le « tournage » improvisé de cette séquence bricolée en deux minutes, Pierre Jouvet avait ouvert de grands yeux en se disant, à cet instant précis, qu'Anne Hidalgo n'avait dorénavant aucune chance de devenir la première Présidente de la République de l'histoire de France. La vidéo avait fait le tour des réseaux sociaux, pas forcément dans le bon sens.

Dans la voiture qui fonce vers Ivry en passant par Orly, il est bien obligé de réfléchir à la suite, la nuit est noire, mais il se sent parfaitement lucide. « Les gars… Au PS, on s'est perdus. Il faut qu'on arrête de se mentir. Ce score ne vient pas de nulle part. Ça fait des années qu'on est devenu un parti de bons gestionnaires, et c'est tout. On est devenus des comptables en costumes. On est devenus chiants. C'est Mélenchon qui a tout compris. » Une petite idée qui commence à prendre forme depuis quelques jours. Avec Olivier Faure, ils perçoivent un frêle radeau d'espoirs sur une mer de catastrophes. C'est encore lointain et diffus. Envisager de pactiser avec Mélenchon ? Luc Broussy est tellement surpris qu'il fait une légère embardée. Il pense très fort : « Et ma note, alors ? » Pierre Jouvet n'a pas toujours voulu démolir le système. Quand il est rentré au PS, en 2002, François Hollande était son héros. Après, ce fut Manuel Valls et, il y a cinq ans, il mettait la photo d'Emmanuel Macron sur ses affiches de campagne pour essayer d'être député. Mais là, dans une inversion totale de perspective, il dit : « Les mecs… Il est où notre camp ? Le PS doit remettre les deux pieds dans la gauche. Il faut trancher. On ne peut pas continuer comme si de rien n'était. On ne peut pas faire comme si les électeurs n'avaient pas mis Mélenchon à 22 %. »

« Je suis tout à fait d'accord avec toi, Pierre. » Sur la banquette arrière, il y a Sébastien Vincini, une bouille sympathique ornée de petites lunettes, dont l'accent du Sud-Ouest est clairement chantant, mais le profil politique plus incertain. Patron du PS de Haute-Garonne, il est de la même génération que Pierre Jouvet et il est souvent d'accord avec lui. Au PS, ils se sont eux-mêmes surnommés Tic et Tac. Le téléphone de Tac est branché sur France 2 et avec toute cette route supplémentaire subitement à avaler, il y a tout le temps de se tenir au courant des interventions des uns et des autres après les résultats. Justement, Carole Delga, la sémillante présidente de la région Occitanie, l'une des valeurs montantes du PS, prend des accents churchilliens sur le plateau en sortant le bazooka contre Jean-Luc Mélenchon. Le communautarisme, le wokisme, la laïcité paresseuse, la désobéissance à l'Europe, le soutien ambigu à Vladimir Poutine, ça ne passera pas par elle. Cette sortie, Pierre Jouvet, ça le rend furieux : « Mais p... ! Quelle faute politique ! Elle n'a rien compris, Carole. Nos invectives contre Jean-Luc Mélenchon depuis six mois, les électeurs n'en ont rien eu à foutre ! Mélenchon ne leur fait plus peur. Ils ont tous voté pour lui. En fait, Carole, elle insulte nos électeurs, là ! » Sébastien Vincini connaît très bien Carole

Delga, ils sont tous les deux d'Occitanie, mais il ne l'aime pas beaucoup, elle est une rivale locale qui prend beaucoup de place. Au PS, c'est toujours la même histoire. Il y a toujours un vieux pot de haine recuite au détour d'un placard : « Je suis tout à fait d'accord avec toi, Tic. » Les phares de la berline plongent sur l'entrée du parking du siège du PS. Là-dedans, il n'y a plus beaucoup de lumière.

Le PS a déménagé là en 2019. Un décor banlieusard à la Tardi. Construit de bric et de broc, avec des pavillons de banlieue, des immeubles industriels, des cheminées fumantes, des frondaisons métalliques, des lofts pour bobos aussi, mais on ne les voit pas. La cité Gagarine est toute proche. Architecturalement, le bâtiment moderne est très loin de l'hôtel particulier de la rue de Solférino, Paris 7e, le Paris bourgeois. Géographiquement, le parti de Jean Jaurès ne s'est jamais situé aussi loin du centre-ville de la vie politique française. Ça ne devrait pas s'arranger. Sauf si les trois, en se trompant de chemin, ont roulé vers une autre histoire. Vers l'Histoire. Peut-être.

Carnets de campagnes

1

La campagne catastrophe d'Anne Hidalgo

Elle jauge la situation, s'aperçoit que tout cela est bien mal engagé. La petite salle de réunion, transformée en salle de presse de fortune, est inadaptée, bondée, les journalistes font un barouf épouvantable. Les médias la prennent en tenaille. Elle est coincée, voudrait s'extirper de là. S'éclipser sans trop déranger, tout cela a assez duré. Elle ne voit qu'une solution. Se résoudre à se mettre à quatre pattes et à ramper sous les tables qui ont été rassemblées dans un coin pour faire de la place. Elle arrive à destination, on est obligé de pousser nos genoux pour la laisser passer, elle essaye de sourire, mais elle respire comme un accordéon exténué. Elle lève la tête vers nous, un peu gênée par cette position bien inconfortable : « Bonjour, enchantée. Marie-Pierre de La Gontrie, trésorière de la campagne d'Anne Hidalgo. » Pour Pierre Jouvet, la conscience du début de la fin lui fut révélée sur le quai de la gare face à un distributeur automatique de la SNCF ; pour nous, ce fut cet instantané burlesque, un petit moment de rien du tout. Mais c'est à cet instant précis, ce vendredi 17 décembre, qu'on a fini de se persuader que, décidément, rien ne tournerait jamais très rond dans la campagne d'Anne Hidalgo.

Ce jour-là, la maire de Paris, candidate à l'élection présidentielle, donne une conférence de presse. Elle a quelque chose à dire, elle en profite pour ouvrir grand les portes, c'est la première fois, de son quartier général de campagne aux médias dans un grand immeuble de coworking en face de la gare de Lyon. Les journalistes – il y en a beaucoup inévitablement – ne peuvent entrer qu'au terme de longues palabres, car la responsable des lieux qui loue une partie du bâtiment à l'équipe de campagne n'a pas été prévenue de l'invasion. On passe tout près de la catastrophe. Ces scènes un peu clownesques ne le sont guère moins qu'un épisode qui a lieu quelques minutes plus tôt, avant les acrobaties de Marie-Pierre de La Gontrie. La faute à une info perverse d'un interlocuteur très mal intentionné qui tombe sur nos téléscripteurs personnels. « Regardez bien… Quand vous longerez les bureaux de l'équipe de campagne pour rejoindre la salle de presse improvisée, vous verrez plein de gens s'affairer. En fait, ce sont des étudiants et des militants qu'on a appelés à la dernière minute, en catastrophe. On leur a demandé de faire semblant de travailler pour qu'il y ait un peu d'activité. » La veille au soir, effectivement, l'équipe de communication avait rameuté les troupes en urgence sur un réseau social : « Anne Hidalgo va tenir une conférence de presse demain midi au QG de campagne. Nous avons besoin d'un maximum de personnes, on compte sur votre présence ». Sinon, personne ne se souvient de ce qu'a dit la candidate pendant sa conférence, à part que ce fut fort embrouillé.

Cela fait beaucoup pour une seule journée.

Ça va faire vroum !

Comment en est-on arrivé là ? Il faut déjà savoir d'où on est parti. Le chemin de croix de la maire de Paris s'inaugure bien plus tôt, le 12 septembre, à Rouen. Une journée qui s'annonce resplendissante, parfumée, impériale, flamboyante, pyrotechnique pourquoi pas… Bref, les premières lignes d'une grande page de l'histoire du socialisme français. Tous les espoirs sont permis, ils sont même envisagés. Comme si le Parti socialiste était toujours une grande vedette. Sur les quais de la Seine maritime, la communication politique de la maire de Paris est toutes voiles dehors, exubérante. Avec un empilage de symboles un peu grossiers, même, mais il vaut mieux mettre le paquet. À midi, elle va se déclarer devant un parterre de fidèles d'environ trois cents personnes, avec, en arrière-plan, de l'autre côté de la rive, deux grues du port de Rouen, dans une allégorie à peine dissimulée de la vie de peu de son père qui travailla sur le chantier naval de Cadix, en Espagne. Son papa qui, avec son salaire, pouvait acheter seulement l'équivalent d'« une boîte de lait en poudre par mois ».

Mais il s'agit de faire simple et percutant : Anne Hidalgo, maire de Paris, est en phase active de « déparisiannisation » aiguë. Elle a choisi Rouen pour s'adresser à la France entière. Quelques jours auparavant, Olivier Faure lui avait conseillé de déplacer son barnum un peu plus loin dans la France rurale, dans la France des territoires comme on dit désormais. Elle ne l'avait pas du tout écouté, mais au moins, ils se parlaient encore. À Rouen, elle a aussi choisi de mettre ostensiblement en avant le collectif encore harmonieux de son « équipe de France des maires » qu'elle a décidé de sélectionner pour véhiculer le message limpide d'une candidature de proximité, enracinée dans le réel et la vie quotidienne des citoyen(ne)s. Loin des hautes contrées glacées du jupitarisme macronien et du bonapartisme technocratique.

À quelques pas, il y a des gens qui sourient très fort pour donner le change mais qui, déjà, contemplent l'événement de façon très distancée. Des proches de François Hollande qui estiment que le désir national de la maire de Paris ressemble à un pari insensé. Mais aussi à une aubaine car cette candidature, qui n'ira forcément pas très loin, se brisera dans le chaos et qu'ainsi leur champion pourra faire son grand retour en forme d'ultime recours présidentiel. Ils réfléchissent au plan B. La candidature d'Anne Hidalgo est un pis-aller. Pour le moment. Viendra le temps de la débrancher. Un mot peu sympathique qui ne cessera de l'escorter.

Un peu plus loin encore se tient Jean-Marc Germain. Il est le mari de la maire de Paris, il est polytechnicien, ancien député PS des Hauts-de-Seine. On lui prête une vie intérieure spéciale, truffée de chiffres et d'équations. Il porte des baskets et fume une cigarette. Quand il vous regarde, il est là sans être là, comme s'il avait un brouillard persistant devant les yeux. Il n'est pas là car il n'y a pas son nom dans l'organigramme de campagne, mais il sera partout. La dernière version du discours de son épouse se retrouvera toujours sur son ordinateur personnel. Les modifications ultimes aussi.

Personne ne sait trop qui parle quand il s'immisce dans des réunions stratégiques. L'époux ? Le dirigeant du PS qu'il est toujours ? Cette confusion des genres posera quelques problèmes dans les semaines à venir. Quand une voix dissonante s'élèvera, l'impétrant recevra un SMS cinglant de la candidate et se fera tirer les oreilles en direct par le mari. Alors, on n'osera plus trop rien dire. C'est lui qui réglera les derniers arbitrages. Sans avoir de titre afférent. Il est aujourd'hui conseiller régional d'Île-de-France et chargé de mission à l'Insee. Il fut frondeur sous le quinquennat de François Hollande, jamais ministre. La candidature de son épouse à la fonction suprême, c'est une revanche sur un destin politique inabouti.

Présentement, il n'a l'air ni aigri ni stressé, même si, dans vingt minutes, son épouse va se déclarer et basculer dans une nouvelle dimension. Il tient à préciser qu'il n'a « jamais interféré dans la décision d'Anne.

Je ne me serais jamais permis de ne pas vouloir qu'elle y aille, ajoute-t-il. Même si, pour moi, ce n'est pas confortable. Je suis déjà le mari de la maire de Paris… » Il évoque un cahier des charges respecté et des perspectives heureuses : une stature de femme maire réélue et internationale, un programme socialiste renouvelé avec des mesures à venir pas trempées dans l'eau tiède, une promesse républicaine… Elle est issue de l'immigration qui sera aussi un argument de campagne. Anne Hidalgo contre Emmanuel Macron. L'inspectrice du travail contre l'inspecteur des finances… Bien sûr qu'elle a une envergure présidentiable, elle a remporté un défi démesuré, l'organisation des Jeux olympiques, Paris 2024. Elle est rescapée du Hidalgo bashing, pratique très répandue en ce début de siècle consistant à conchier la maire de Paris sous toutes les formes imaginables. Elle a été réélue en 2019, elle est revenue de l'enfer, elle se sent invulnérable. C'est comme si un gilet pare-balles naturel avait poussé sur elle. L'audace, l'amour-propre, la volupté de la lutte, l'ivresse du péril, elle n'esquive jamais un combat. Le sentiment d'un danger précis, au lieu de la dissuader ou de l'abattre, lui rend tout son ressort. Par exemple, fermer les voies sur berge à Paris en 2016, ce qui provoque une bronca sans précédent, ça lui donne des frissons.

Mais quand même, on revient toujours à la même question : Qu'est-elle venue faire dans cette galère ? Son mari répond, un peu : « Anne n'a pas du tout cette ambition depuis toute petite. Il n'y a pas eu de déclic, de moment décisif. Il y a une évidence qui s'est imposée. Quand tant de gens l'incitent à y aller parce qu'ils estiment qu'elle est la mieux placée… Elle est méthodique. Elle voulait s'assurer que les fondations étaient solides, qu'un grand rassemblement autour d'elle était possible. »

Le 26 juin 2020, Paul Larrouturou, alors journaliste à l'émission « Quotidien », pose une autre question à une Anne Hidalgo euphorique assurée d'être réélue à la Mairie de Paris. « Serez-vous candidate à l'élection présidentielle ? » « Surtout pas. […] Je considère qu'il y a un endroit où on peut agir aujourd'hui, qui est un endroit très stratégique, c'est celui des villes. » Le journaliste insiste : « On archive si vous êtes candidate en 2022 ! » « Vous pouvez archiver. Alors là, allez-y, vous verrez. Je suis quelqu'un de très clair. À bientôt ! »

Elle avait le droit de changer d'avis. Elle a hésité, bien sûr. Elle a eu toute une réflexion. En juillet 2021, elle confie à ses proches : « Si je veux rester présente médiatiquement, je dois cultiver l'ambiguïté. Il faut que je sois dans le jeu. » Cet entourage qui estime que Paris est devenu trop petit pour elle. Les courtisans lui répètent tous les jours. Anne, l'évidence s'impose. Tu apparais la mieux placée. Tu coches toutes les cases. Si tu ne le fais pas pour toi, fais-le pour nous. Dimension sacrificielle. Les maires « quadras » des autres grandes villes, son « équipe de France », la poussent, ils sont enthousiastes, ils vont pouvoir se faire les dents aux premières loges d'une campagne présidentielle. Elle pointe alors à environ 10 % dans les intentions de vote.

Tout est épluché. Les moindres recoins de son histoire, son passé. Surtout cette rumeur tenace d'un fils caché qu'elle aurait eu avec François Hollande. Tous ceux qui comptent effectuent le pèlerinage à l'Hôtel de Ville. Lionel Jospin, Martine Aubry, Laurent Fabius, Ségolène Royal, des chefs d'entreprise et des syndicalistes, des intellectuels et des artistes, l'ancien secrétaire d'État de Barack Obama, John Kerry, défilent dans son bureau lui donner l'onction. Elle est grisée par de confidentielles visites d'État. En mars 2021, elle s'assure que Christiane Taubira ne se présentera pas. C'est important car avec l'ancienne ministre de la Justice de François Hollande, on ne sait jamais à quoi s'attendre. Mais tout le monde a le droit de changer d'avis.

Tout a été planifié. Désormais, Olivier Faure et Anne Hidalgo vont avoir besoin l'un de l'autre selon les modalités secrètes d'un deal caché et bourré d'arrière-pensées passé durant l'été 2021 : Anne Hidalgo aide Olivier Faure à gagner son congrès le 18 septembre prochain. Olivier Faure aide Anne Hidalgo à devenir une candidate incontournable et financée. En fait, elle lui met le couteau sous la gorge. Faure devra faire en sorte qu'il n'y ait pas de contestation lors de la primaire interne à laquelle elle se soumettra, face à Stéphane Le Foll, l'ancien ministre de l'Agriculture de François Hollande. Même si

Stéphane Le Foll envoie une lettre à Olivier Faure pour lui signifier qu'il est candidat à l'investiture, qu'il se soumettrait au vote des militants et qu'il était indispensable d'organiser un débat avec Anne Hidalgo. « Suivre Anne Hidalgo ? s'interroge Stéphane Le Foll. Pourquoi pas. Mais la suivre vers quoi ? On discute quand du fond ? C'est quoi la social-écologie ? » Il attend toujours une réponse du premier secrétaire. Un vote aura lieu mais il n'y aura même pas de débat et Stéphane Le Foll s'en retournera bouder au Mans. Un passage en force ? Tout le monde s'en fiche. La campagne triomphale qui s'annonce fera tout oublier.

On quitte Rouen à l'heure du déjeuner. Il fait beau, il fait chaud. « Ça y est ! Elle est déclarée, il va se passer des choses. Ça va la propulser » fait Valérie Rabault, la patronne des députés socialistes. Vroum ! Deux jours plus tard, elle est créditée de… 7 % dans les intentions de vote. Vroum ? La suite du film sera noire. Mais vraiment toute noire. Jamais plus il n'y aura la moindre embellie.

Le soir, elle est sur le plateau de Laurent Delahousse au journal télévisé de 20 heures. « Je suis la candidate écologiste. » Le présentateur s'étonne : « Vous ne voulez pas du soutien du PS ? » « Si je l'ai, tant mieux. » Anne Hidalgo est grisée. Olivier Faure l'appelle pour la faire venir au congrès du PS et respecter sa part de l'accord. Elle refuse. Ce n'est plus de son niveau. Se restreindre au PS ? La dynamique sera ailleurs. Le rassemblement autour d'elle sera bien plus large. Elle fait penser à Ségolène Royal qui s'imaginait en lien direct avec le peuple de France. Signes extérieurs de mégalomanie galopante.

Trois jours plus tard, une journaliste de l'AFP a juste fait son boulot. Elle a lu le livre d'Anne Hidalgo qui vient d'être publié : *Une femme française*. Au détour d'une page, la future candidate propose de doubler le salaire des enseignants. Une promesse fantasme, pas vraiment crédible, jamais chiffrée, qui se transforme en boulet de campagne... Son équipe de campagne n'est au courant de rien. Deux jours plus tard, elle dérape chez Jean-Jacques Bourdin sur RMC-BFM, elle préconise une limitation de vitesse sur autoroute à 110 km/h... C'est bien une proposition de Parisienne... Elle a ressenti immédiatement l'impact du plomb. Ça l'a terrassée. C'est devenu sans issue. Elle a commencé à couler à pic. Aussi vite que ça.

La championne du monde de la relance de campagne

Elle a déjeuné à la cafétéria du Super U de Baumes-les-Dames, dans le Doubs, pour parler difficultés de mobilité en milieu rural. Elle a enfourché du foin et regardé des vaches toutes mignonnes chez un producteur de tomme des Bauges. On lui a offert une lampe de mineur à Saint-Étienne et un Opinel à Chambéry où elle s'est inquiétée du réchauffement climatique et de ses conséquences sur l'industrie du ski. Elle a parlé de sa Coccinelle jaune à propulsion arrière qu'elle conduisait dans les lacets des monts du Lyonnais quand elle était jeune inspectrice du travail. Elle a visité une start-up numérique qu'on aurait cru conçue par Emmanuel Macron, avec un toboggan entre deux étages et des distributeurs de bonbons. En Martinique, elle a embarqué sur le « sargator », une barge conçue pour le ramassage des sargasses, ces algues toxiques qui prolifèrent sur le littoral des Antilles. Dans les embruns, elle a dénoncé « l'inaction climatique » d'Emmanuel Macron, et suggéré « la création d'un tribunal pénal international du crime d'écocide » etc. Elle en a fait des « tours de France ». Elle aurait pu faire dix fois le tour de la Terre, cela n'aurait rien changé. Elle incarnait trop la capitale, la France du « tout va bien ». Elle n'avait que six mois pour changer de visage.

Elle a mangé beaucoup de salade verte, bu beaucoup de thé vert, perdu beaucoup de kilos. Jean-Marc Germain nous avait prévenus, à Rouen : « Vous verrez, elle a un de ces contacts avec les gens. » En fait, il est compliqué de savoir si Anne Hidalgo est triste, gaie ou contrariée. Ses tourments sont souterrains. Pudeur ? Aller vers les gens, leur demander le nom de leur chien, l'âge de leurs enfants, c'est tout sauf une inclination naturelle, tout sauf un hobby. Quand, lors d'un déplacement, Patrick Kanner, le patron très convivial des sénateurs socialistes, n'hésite pas à pousser la chansonnette devant les journalistes, elle le suit timidement, d'un minuscule filet de voix, elle qui adore pourtant chanter. Elle est tellement en maîtrise d'elle-même qu'il existe un point mystérieux de sa sensibilité. Elle est allée partout, mais elle n'était nulle part. Les médias la suivaient, uniquement pour constater à quel point sa campagne s'effilochait. Elle a été la vedette de dizaines de meetings dans des petites salles de province dont elle peinait à remplir 150 places. D'un meeting à l'autre, plusieurs passages de ses discours étaient quasiment copiés/collés, des membres de son équipe de campagne s'amusaient à terminer ses phrases à voix basse. Quand on le faisait remarquer à ses proches, la réponse fusait avec une évidence désarmante : « Ce ne sont pas les mêmes personnes qui l'écoutent à Toulouse, à Limoges ou à Lille. Pas besoin de réécrire le discours à chaque fois. » Elle avait une phrase fétiche : « À quel moment ça a déconné pour qu'on en arrive là ? » Elle parlait de Macron. Pas de sa campagne.

Jean-Marc Germain a toujours plein de théories mathématiques pour démontrer le futur triomphe électoral de son épouse. Si l'on additionne le score de tous les candidats socialistes aux dernières élections municipales, elle sera à 15 %. Patrick Kanner, lui, théorise un vote caché socialiste. Ceux qui, dans les sondages, n'osent pas dire qu'ils voteront Anne Hidalgo. Comme si le PS était toujours hégémonique. C'est devenu une blague au sein de l'équipe de campagne, Patrick Kanner croit aux forces de l'esprit.

Il y a une blague un peu plus tragique qui tourne en boucle. Cette campagne, c'est le Temple solaire et Jean-Marc Germain est son gourou. Son cercle le plus restreint s'invente des histoires… Il faut cultiver la croyance profonde qu'il y a des ennemis tout autour. Comme dans un roman d'espionnage. Il y a une quête. Débusquer ceux qui empêchent la quête. Pour serrer les rangs des plus proches soutiens, il faut qu'il y ait des adversaires. Les instituts de sondage mentent. Le système a intérêt à ce que jamais, elle n'émerge. Pour son équipe, truffée d'émissaires du PS, c'est la faute du parti. Mais nul besoin d'être un devin chamanique pour pressentir qu'il n'y a plus aucun discernement, plus aucune lucidité. Seulement des autosuggestions optimistes plus impérieuses que la réalité elle-même. Alors, on fait campagne comme si on programmait le décès d'un proche. On compte les jours, on s'agite mécaniquement dans une brume de plus en plus poisseuse.

Nous aussi, on a compté les jours. Jamais Anne Hidalgo n'aura connu le moindre signe encourageant. Il n'y a jamais eu de quoi se réjouir. Pas une seule bonne nouvelle. Peut-être cet inaugural mais fugace frisson lillois, pour son premier meeting d'envergure. La plupart de ses interventions sont plutôt bien reçues, elle est sérieuse, elle connaît ses dossiers, mais on a tout oublié. Bim, bim, bim, chaque jour, les sondages tombent avec la régularité d'un supplice chinois. Chaque jour, elle devient moins audible que la veille. Une campagne bêtisier, qui dégringole d'une manière plutôt irrémédiable. Une fois, elle crée un triple buzz.

Le dimanche 31 octobre, en direct sur LCI, elle brise – sans le faire exprès – un verre d'eau. Et après, elle s'autorise l'audace de qualifier de « débiles » des questions des journalistes et de traiter, d'une colère brutale, Éric Zemmour de « guignol ». Elle applique à la lettre les conseils prodigués ici ou là, pour rompre le ton que l'on juge parfois trop monocorde. Elle veut marquer les esprits. Éric Zemmour n'a même pas pris la peine de répondre.

Une femme, un train

Au début, ce mercredi 8 décembre 2021 est un jour maussade comme un autre au gré d'une campagne aussi filandreuse que sans fin pour la candidate. Elle est créditée en moyenne de 6 % des intentions de vote. Rien ne bouge. Enfin, si. Un changement notable est à signaler, un premier sondage ose la placer sous la barre fatidique des 5 %, c'est assez désespérant. À 8 heures, elle est interviewée par Caroline Roux sur le plateau des Quatre Vérités, sur France 2. Elle répète pour la millième fois qu'elle ira, quoi qu'il arrive, au bout de son aventure. Elle dit aussi qu'elle ne veut participer à aucune espèce de primaire de la gauche. Et surtout pas à la primaire populaire que quelques illuminés de gauche ont voulu imaginer, sur un modèle démocratique américain novateur, qui enregistre de plus en plus d'adhérents sur Internet, mais quand même très farfelu.

Une fois qu'elle a dit ça, elle prend la direction de la gare Montparnasse. Le TGV doit l'emmener à La Rochelle pour un énième déplacement de campagne. Elle est assise en face de son officier de sécurité et de sa conseillère presse, Françoise Pams. Pour une nouvelle étape de son trépidant tour de France destiné à la populariser au-delà du périphérique parisien. Anne Hidalgo aime dire qu'elle fonctionne à l'instinct, au pif. Mais, même s'il n'est pas tout petit non plus, il n'a pas les dimensions de celui de Cléopâtre qui aurait, dit-on, changé la face du monde.

Donc, en regardant défiler le paysage… Eurêka ! Elle a trouvé. Elle respire un bon coup. Elle va bien maintenant, et même de mieux en mieux. Prochain arrêt : Poitiers, trois minutes d'arrêt. Elle fait signe à ses deux accompagnateurs : on descend et on reprend un train dans l'autre sens. Les élus qui l'attendent sur le quai de la gare de La Rochelle repartent bredouilles. Un coup de tête ? Un coup de sang ? Un coup de blues ? Le mystère de cette volte-face ferroviaire ne va pas tarder à essaimer. Cette décision subite et quasiment irréfléchie, c'est l'apogée romantique de sa campagne. Il y a au moins deux éléments qui y concourent : son équipe de campagne a le moral dans les chaussettes, il faut lui donner un tout petit peu d'oxygène. Et, surtout, ces dernières heures, frémissent les rumeurs d'un retour de Christiane Taubira dans le jeu présidentiel. Même s'il n'est encore qu'implicite. Tout cela incite la maire de Paris à tenter, et réussir évidemment, un coup diabolique dans les plus brefs délais. En réalité, c'est un faux pas fatal mais, pour le moment, elle veut plutôt croire au coup de génie. Pour enrober et jouer l'effet de surprise, elle prend officiellement le prétexte d'un retour précipité par le déclenchement du plan blanc hospitalier. Et qui aurait pu être géré par ses adjoints. Bref, personne n'y croit. Mais si elle dit tout, les fuites seront partout. Tant pis si rien n'est préparé. Le pif, il n'y a que ça de vrai.

Nous sommes dans le train du retour. Elle doit mettre illico son idée en application. Elle négocie trois minutes au téléphone avec la rédaction en chef du 20 heures de TF1. Puis, Anne Hidalgo disparaît de la circulation, si on peut dire. Mais qu'est-ce que va annoncer la socialiste ? Personne n'en sait rien. À 15 heures, François Hollande et Martine Aubry boivent le thé à Lille. Ils n'en reviennent pas, ils passent des coups de fil dans le vide. Les médias s'emballent, tout le monde passe son après-midi à tenter, en vain, de percer le mystère d'une intervention annoncée tonitruante.

À 15 h 30, elle prévient Olivier Faure à la sauvette. Encore un épisode erratique qui rend le premier secrétaire fou de rage. Puis, Anne Hidalgo retrouve, en visio, son équipe rapprochée de campagne pour éventer la confidence. Elle va annoncer qu'elle veut organiser une primaire pour éradiquer l'éparpillement des candidatures à gauche. Elle sait que Jean-Luc Mélenchon dira non. Elle compte sur Yannick Jadot. Johanna Rolland, la maire de Nantes, Jean-François Debat, le maire de Bourg-en-Bresse,

Mathieu Klein, Boris Vallaud, Nathalie Appéré, opinent du chef. Ils n'ont pas d'autre choix, la maire de Paris aime prendre les choses en main sur un ton de monitrice.

Jean-François Debat tente une question : « Est-ce que quelqu'un a appelé Yannick Jadot pour préparer le terrain ? »

Silence.

« Anne, tu sais qu'un coup pareil se prépare un minimum ? » Effectivement. L'improvisation, ça se travaille. Le jour d'après est toujours le plus important. Faire un sondage pour accompagner la proposition, préparer une tribune avec une déclaration unitaire, décrocher une grande interview dans un quotidien national, placer des snipers aux endroits stratégiques des plateaux TV. Etc.

Silence.

C'est Jean-Marc Germain qui répond. Il a mathématisé l'effet de souffle. Il est euphorique, comme s'il assistait enfin au réveil post-opératoire de la campagne : « Pas besoin. Tu verras, dans une semaine, ils accourront tous. »

Silence.

Dans le même temps, Olivier Faure réunit sa garde rapprochée. On essaye de comprendre le mouvement politique de la candidate, identifier un point d'arrivée. Pour planifier une suite éventuelle. On ne sait pas trop quoi se dire. Le summum de la confusion.

Ce revirement est à l'image de la campagne tout entière, un objet politique mal identifié.

À 17 heures, tendance lourde, mais sans certitude, dans le microcosme : elle abandonne. Frédéric Hocquard, adjoint d'Anne Hidalgo chargé de la nuit parisienne, nous cite Karl Marx au téléphone : « Mieux vaut une fin effroyable qu'un effroi sans fin. » François Hollande se cite lui-même : « Elle est descendue du train comme si elle avait voulu descendre de la campagne. »

À 17 h 30, Françoise Pams nous appelle : « Ça te dit de venir avec nous à TF1 ? On ira dîner tous ensemble après. »

« Il se passe quoi ? Elle jette l'éponge ? »

« Je ne peux rien te dire, mais ce n'est pas ça. Ça va faire du bruit. »

19 h 15. Siège de TF1. Salon de maquillage. Anne Hidalgo porte un blouson de cuir, une tenue de combat. Elle est complètement détendue, ce qui est rare depuis le début de sa campagne. Elle se dit « soulagée », heureuse d'avoir pris cette décision. C'est un « moment important ».

Sur le plateau du 20 heures, son allocution est coincée entre un reportage sur la neige en décembre et le générique de fin. Fin du suspense. Prenant solennellement acte de l'éparpillement mortifère d'une gauche dépréciée, elle proclame : « Organisons une primaire de la gauche avec les candidats et candidates qui veulent gouverner ensemble pour réveiller un peuple de gauche en déshérence. » On n'en saura pas beaucoup plus. Rien n'est très clair, elle ne parle pas de la primaire populaire, ne cite ni Jean-Luc Mélenchon, ni Yannick Jadot ni Christiane Taubira.

21 heures, une petite brasserie de la rue de la Convention, dans le 15e arrondissement, où le couple a ses habitudes, à deux pas de l'appartement familial. Anne Hidalgo se met, un peu, à table : « Ce qu'il s'est passé ? J'appelle TF1 pour leur dire que j'ai une annonce très forte à faire. Cette décision, je l'ai tournée dans ma tête depuis plusieurs jours. Il y a cette violence du premier meeting d'Éric Zemmour, dimanche… Et puis, je ne pouvais pas rester insensible à tous ces gens qui me disent : “Vous ne pouvez pas nous laisser dans ce marasme.” J'avais soulevé cette question lors d'une réunion stratégique, la veille… Et, dans le train, je me suis dit que c'était le moment d'y aller. Qu'on était encore dans les temps pour créer un électrochoc. Si je ne posais pas un acte comme celui-là, il y a le risque que plus rien n'existe à gauche. La primaire, c'est LA bonne idée. »

La tablée semble en lévitation, euphorisée par cet inévitable rassemblement sous l'impulsion magistrale de leur héroïne. Il n'y a que des sourires. Comme si le monde allait se remettre en marche et recommencer à tourner autour d'eux. Anne Hidalgo est assise à côté de Jean-Marc Germain, son époux : « Cette primaire est le seul moyen pour la gauche de médiatiser ses thèmes de campagne, sur le social, l'écologie…

Et on s'apercevra que la France n'est pas aussi à droite qu'on le pense. Vous allez voir. Dès demain, toutes les équipes des candidats vont se parler. » Il y a son ancienne plume à l'Hôtel de Ville, Elisa Yavchitz, envoûtée, qui détaille par le menu le coup de génie de cette décision. Elle explique en quoi Anne Hidalgo, qui gagnera évidemment la future primaire, vient de créer une candidature toute neuve. « Elle a déjà rassemblé la famille socialiste. Maintenant, elle va élargir encore, au-delà des partis, en cassant ces règles du jeu qui figent la gauche ». Il y a comme un paravent entre elle et la réalité.

Au même instant, vers 23 heures, l'évolution de ces perspectives se heurte à quelque chose de dur et de définitif. La nouvelle madone de la gauche unie commence à se prendre le mur du « non » en plein visage. Yannick Jadot, qui vient de se coltiner la primaire écologiste deux mois auparavant, ne consulte même pas ses conseillers, il est le premier à tweeter : « Jamais ! » Erreur fatale, pour lui aussi. On verra ça plus tard. Ça tombe en cascade, la maire de Paris affronte déjà les sarcasmes de ses voisins de gauche, de Julien Bayou (Europe Écologie-Les Verts) à Éric Coquerel (La France insoumise), en passant par Fabien Roussel (Parti communiste). Pour eux, Anne Hidalgo joue un va-tout tristement tactique et assez vain. Au mieux, elle se confectionne une porte de sortie honorable. Le Bide en somme. Elle restera seule contre tous.

On téléphone à David Cormand, député européen. Anne Hidalgo est juste à côté. « J'ai bien peur que ce ne soit un non-événement. C'est une fausse proposition de primaire, hors délai, qui donne l'impression d'une initiative gadget non maîtrisée, alors que sa campagne est encalminée. Anne Hidalgo et le PS n'ont plus le poids politique pour être une force d'entraînement. Le PS se met même en situation de ne pas avoir de candidat à la présidentielle. Je suis effaré par l'accélération de la fin de cycle de la social-démocratie. » On garde ça pour nous. Pour clore cette belle soirée, Anne Hidalgo participe, quelques instants et en visioconférence, à un bureau national du PS qui l'assure de son soutien. Un soutien imide. Comme d'habitude. Personne n'y croit. Comme d'habitude.

Il y a quand même un événement positif : on a enfin parlé d'elle. Avant de partir, dans le regard de Jean-Marc Germain, on perçoit une lueur joyeuse : « Je suis prêt à parier une salade et un thé vert [le repas favori de son épouse] qu'ils vont tous adhérer à cette primaire. »

Le lendemain, prenant acte du refus de Yannick Jadot de participer à une primaire, celle-ci devient, pour la maire de Paris, mécaniquement caduque. Elle devra dorénavant se débattre dans une nasse qu'elle a elle-même tressée. Dans les fédérations, les militants PS ont reposé les tracts. Mais alors ? Candidate ou pas candidate ? Primaire ou pas de primaire ? Personne n'y comprend plus rien. Olivier Faure n'en peut plus.

Anne Hidalgo est encore un peu plus ensevelie, elle est désormais à 3 % dans les sondages.

« Si tu ne veux pas me suivre, tu dégages »

Les yeux d'Anne Hidalgo, trempés dans l'acier, sa voix qui tonne comme une grande tempête : « Olivier, c'est simple. Si tu ne veux pas me suivre, tu dégages ! » Ce mardi matin, le verbe tonique employé à l'encontre du chef du parti sèche l'assistance. Anne Hidalgo sourit, elle sourit souvent dans ces moments-là, le sourire des nerfs, tout à fait inaffectif. Olivier Faure regarde dans le vide comme s'il avait perdu ses clés de voiture. Ce genre de réunion, surtout quand tout va mal, c'est un bal de masques. Celui d'Olivier Faure, après une seconde de stupeur, est redevenu impassible. Comme toujours. Il sait que cette campagne à la déliquescence programmée, est perdue d'avance, mais, évidemment, il ne peut pas le dire.

C'est un mardi matin, début janvier, au QG de campagne, en face de la gare de Lyon. Autour de la candidate, ces conclaves imposés commencent toujours comme des réunions de stratégie pour essayer, une énième fois, une ultime fois, de réanimer la campagne. Elles se terminent toujours comme un tribunal présidé par Anne Hidalgo. Elle est une femme d'énergie, d'autorité et de certitudes. Cette fois, la maire de Paris, ulcérée, reproche à Olivier Faure, malgré les apparences, de ne pas se battre pour elle avec la hargne du dernier combattant, mais de la laisser seule aux portes du désert. Cet accablement est une question de mécanique politique. Anne Hidalgo n'est pas toujours la première pour assumer ses responsabilités. Ce n'est jamais vraiment de sa faute. Comme la campagne ne fonctionne pas, il faut des boucs émissaires. Et donc, le PS ne veut pas aider la candidate.

Elle reproche au PS sa pauvreté créatrice et organisationnelle, elle reproche à Olivier Faure ses atermoiements, d'avoir laissé penser qu'il était en quête d'un scénario plus favorable que sa propre candidature. Elle lui reproche une loyauté trop timide et un soutien trop ambigu à la primaire populaire. Elle se sent toute seule. Elle lui reproche de tenter de rallier l'éphémère candidature de Christiane Taubira. La manœuvre souterraine se sait, l'incartade se rajoute à son dossier, déjà bien épais. Elle lui reproche d'être pingre, il veut garder tous les sous du parti pour les législatives. Lui sait bien que tout l'argent dépensé le sera à fonds perdu. Il n'est même pas certain qu'Anne Hidalgo atteigne les 5 % qui permettraient aux dépenses de campagne d'être remboursées, mais cela est encore une vue de l'esprit. Alors, pour s'assurer d'une campagne low cost, il met une équipe low cost, quelques salariés du parti, à la disposition de la candidate. De quoi faire des économies et, accessoirement, garder un œil sur le fonctionnement des équipes.

Olivier Faure reproche à Anne Hidalgo d'être court-circuité quand doit être prise la moindre décision. Il lui reproche de n'écouter personne, d'être dans le déni depuis le début de la campagne et d'avoir semé le trouble chez les militants depuis sa double volte-face sur sa non-participation-participation-non-participation à une primaire de la gauche. Il n'imaginait pas un tel degré d'infatuation et d'aveuglement. Il lui reproche d'être méchante. Alors après, même avec parcimonie, il a toujours essayé de se venger.

Olivier Faure et Anne Hidalgo avaient tout pour devenir super copains. Il y a très longtemps, à la fin des années 1990, ils ont travaillé ensemble au ministère du Travail sous Martine Aubry et Lionel Jospin Premier ministre. C'est là qu'Anne Hidalgo a rencontré son mari, Jean-Marc Germain. Depuis, Anne Hidalgo est autant détestée à la direction du PS qu'elle méprise l'appareil tout entier. Au congrès d'Aubervilliers, en 2018, qui a vu Olivier Faure prendre la tête du PS, elle n'a pas pris la peine de se déplacer. Et pourtant, c'est direct depuis l'Hôtel de Ville par la ligne 7.

Entre les deux, depuis le début de la campagne, il y a de l'eau dans le gaz à tous les étages. Car, hors de ces réunions imposées, la candidate et le premier secrétaire ne se parlent plus. Des semaines qu'Olivier Faure fait office de punching-ball. Pierre Jouvet joue les messagers. Le tout premier round a eu lieu en juin 2021. Une entrée en matière assez douloureuse pour Olivier Faure, il n'est pas encore habitué. Anne Hidalgo n'est pas encore candidate, mais tout était déjà en place. Et Anne Hidalgo aime quand c'est carré et que personne ne lui résiste en fonction des objectifs qu'elle s'est fixés. Elle a aussi quelques caprices de diva avant d'entrer en scène. La maire de Paris impose d'abord ses conditions, elle discute ensuite. Ce n'est pas si difficile, le PS est devenu un poids plume et Olivier Faure, politiquement, pèse à peu près une demi-cacahuète. La naissance de la Nupes est encore loin.

Le 9 juin, à l'orée de la campagne d'Anne Hidalgo, dans son bureau de l'Hôtel de Ville qui paraît aussi grand qu'une piscine olympique – 155 m², le plus vaste de la République –, l'ambiance est déjà raisonnablement électrique. Olivier Faure est invité à déjeuner à l'Hôtel de Ville par Anne Hidalgo et sa garde rapprochée. Il y a Emmanuel Grégoire, le premier adjoint censé gérer l'Hôtel de Ville durant la campagne, Patrick Kanner, le patron des sénateurs socialistes, Jean-Marie Vernat, David Assouline, sénateur de Paris, très proche de la maire, Patrick Bloche, adjoint à l'Hôtel de Ville. C'est gentil une invitation, mais en fait, c'est plutôt un traquenard.

Il y a de la salade au menu. Patrick Kanner a un peu chauffé l'assistance. Il n'en peut plus de suffoquer d'angoisse à mesure qu'Olivier Faure essaye de persuader le peuple socialiste que, faute de candidat crédible, il faudra se résoudre à se ranger derrière les écologistes à la présidentielle. « Olivier, on va faire une mise au point amicale. Il n'est pas négociable qu'il n'y ait pas de candidat socialiste à la présidentielle. Tes récentes déclarations, pas très nettes, ont pu affaiblir ce qui était une évidence. » Mais Olivier

Faure n'est jamais très clair. En guise de dessert, il y a un nouveau laïus, plutôt lourd à digérer, d'Anne Hidalgo : « Bon… Maintenant, ça suffit Olivier ! Tu arrêtes les bêtises, tu arrêtes de dire que le PS est trop affaibli pour pouvoir présenter un candidat à la présidentielle, tu cesses de vouloir vendre le parti aux écolos et tu vas soutenir ouvertement ma candidature si je décide d'y aller. Je veux qu'il n'y ait pas de doute sur cette stratégie pour le PS, n'est-ce pas, Olivier ? Si tu n'as pas de candidat socialiste sérieux, tu es mort. Tu as qui sous la main ? Le Foll ? Cambadélis ? Hollande ? La seule sérieuse, c'est moi. »

Le patron du PS n'a pas trop son mot à dire. Il a compris qu'il n'y avait pas vraiment d'échappatoires. La maire de Paris n'ira pas jusqu'à user de la menace, même voilée, de soutenir Hélène Geoffroy, opposante déclarée au premier secrétaire du PS, lors du prochain congrès du parti, mais le recadrage est suffisamment explicite pour que, dès le lendemain matin, Olivier Faure, sur le plateau des Quatre Vérités sur France 2, assène ce qui avait été convenu la veille. Il soutiendra Anne Hidalgo sans barguigner.

Mais la cohabitation s'envenimera régulièrement entre l'équipe Hidalgo et l'équipe Faure. La seconde est excédée par des décisions réputées prises en dépit du bon sens. Malgré les alertes, un meeting d'envergure est organisé à Toulouse… le jour d'un match de rugby, sport roi de la Ville rose. Pourquoi libérer un créneau d'une heure et demie au *Monde des ados* dont les lecteurs, a priori, n'auront pas tous l'âge de voter en avril 2022 ? Pourquoi donner autant de temps et d'énergie pour une interview à *La lettre du musicien* ou à *L'Écho touristique* ? Mais les proches d'Olivier Faure sentent une sorte d'obstination à laquelle se heurtent vainement les recommandations les plus énergiques et les plus élémentaires.

Le samedi 22 janvier, à Aubervilliers, on ne ressent pas exactement le grand vent de l'espoir bouleverser une salle remplie d'un tout petit millier de personnes. Aux « prophètes de malheur », qui voudraient qu'elle « se résigne devant la difficulté », la candidate répond : « Dans vos rêves ! » David Assouline, chargé de l'organisation des meetings, réussit le tour de force de louer une salle deux fois trop grande. Ça se voit beaucoup sur les images qui immortalisent du vide. Dévastateur. David Assouline met son nez partout et contredit tout. Il rend fou et décourage. Selon l'équipe Faure, il crée des problèmes là où il n'y en a pas, uniquement pour pouvoir prétendre qu'il est le seul à pouvoir les résoudre et s'en attribuer le mérite une fois qu'il les a dénoués. David Assouline est un survivaliste du PS. Il était déjà sur toutes les photos lors de la campagne présidentielle de Ségolène Royal, en 2007. Il ne ménage jamais ses efforts pour être au premier rang, il a toute la confiance d'Anne Hidalgo, ce qui est décisif. Pour réussir à l'écarter, il aurait fallu briser un cercle de fer.

« Ne démissionne pas. Ce sera mauvais pour mon image. »

Vu le sort réservé à Olivier Faure, au sein de l'équipe de campagne de la candidate, il y a essentiellement des courtisans qui disent « oui » à tout. Les risques de disgrâce sont trop grands. Ils disent même « oui » quand elle leur demande, après un discours : « Tu crois que j'ai été bonne ? » Alors que tout s'effondre autour. L'effet de cour est exorbitant. Elle s'y réfugie. Dans un endroit inaccessible où plus rien ni personne ne peut l'atteindre. Qui ose lui dire quand rien ne va ? Personne. Qui travaille avec elle ? Pas grand monde. Habituellement, à l'Hôtel de Ville de Paris, Anne Hidalgo est capable de résoudre un grand nombre de problèmes grâce au pouvoir qu'elle possède. Elle dispose d'un gros tableau de commandes, une idée ? Et hop ! Elle appuie sur un bouton et 40 000 fonctionnaires s'exécutent. Là, c'est plus compliqué. Les réunions en visioconférence s'enchaînent sans qu'aucune voix discordante ne vienne assombrir un tableau déjà bien amoché.

À Rouen, sa fraîche émoulue directrice de campagne, la capitaine de son équipe de France des maires, est très motivée : « Anne a fait sa déclaration et maintenant, nous devons prendre le relais. Cette campagne sera une aventure collective. » C'est à peu près la dernière fois qu'on a vu Johanna Rolland, la maire de Nantes, dans les parages de la campagne.

Elle ne fera jamais beaucoup plus que de se signaler par quelques tweets et des apparitions ponctuelles en visioconférence. Le divorce entre les deux maires est en germe dès le mois de décembre, après la balade en train Paris-Poitiers-Paris. Lassée, elle appelle Anne Hidalgo, tout début janvier. Pour présenter sa démission. En vain. « Ne fais pas ça. Ce sera mauvais pour mon image », lui rétorque la maire de Paris.

Les autres têtes d'affiche seront tout aussi fantomatiques. Le problème, c'est que, parfois, un des maires doit se faire excuser à cause d'une inauguration et qu'un autre doit préparer son conseil municipal. Pilotée par le député des Landes, Boris Vallaud, une armée de pas moins de 15 porte-parole est mobilisée pour mouiller le maillot et écumer les plateaux. Parmi eux, Nadège Azzaz, Rémi Cardon, Oriane François, Catherine Quignon… Pas sûr que leurs interventions aient marqué les esprits des Français. Une fois par semaine, le Conseil des territoires, conduit par Patrick Kanner, est chargé de mobiliser les troupes d'élus locaux socialistes autour de la candidate. Le mot d'ordre est clair : du terrain, du terrain, du terrain. C'est en se déplaçant partout en France qu'Anne Hidalgo finira par convaincre. Tous les participants s'en persuadent. À l'exception, peut-être, de Carole Delga, qui finit par doucher l'enthousiasme de l'assistance : « Moi, je veux bien qu'elle fasse tous les déplacements du monde, hein. Mais, à un moment donné, il faut arrêter de se mentir. Si on veut inverser la tendance, il faut un électrochoc. » C'est un mot à la mode, mais la présidente de la région Occitanie n'avait aucune idée de ce que cela pouvait être.

Son stratège attitré à la communication est Stéphane Troussel, président du conseil départemental de Seine-Saint-Denis. Stratège ? Il ne présentera jamais de plan de communication. De temps à autre, il réunit une petite bande de jeunes communicants. De bonnes âmes prêtes à donner un coup de main. Mais passé le laïus introductif sur le thème « on va finir par convaincre, on a besoin de toutes les bonnes idées », suivi de quelques échanges et de bonnes intentions, cette joyeuse équipe est lâchée dans la nature. Troussel se fatigue vite, David Assouline l'a épuisé. Plus de son, plus d'images de Stéphane Troussel. La dernière fois qu'on a entendu parler de lui, c'était pour conseiller à la candidate de se ranger derrière Christiane Taubira après le résultat de la primaire populaire. Elle a répondu : « Si tu dis ça, je n'ai plus besoin de toi. »

Quand une campagne se passe mal, le monde se divise alors en deux catégories. Il y a ceux qui plaident pour remettre tout à plat, réfléchir à faire autrement, et ceux qui rassurent la candidate en lui serinant qu'elle est sur la bonne voie. Les premiers sont vite considérés comme des saboteurs. Mathieu Klein était le pivot du début de campagne. Le maire de Nancy a piloté le programme, assisté à toutes les réunions… Mais quand il laisse filtrer, lui aussi, l'idée d'examiner, au minimum, l'éventualité d'une participation à la primaire populaire, il prend un aller sans retour pour les Barbaresques. « De toute façon, tu crées ce bad buzz parce que tu ne m'as jamais défendu. » Klein, rétrogradé au moment de la publication officielle de l'organigramme de campagne. En janvier, toute son équipe de France des maires est priée de prendre place sur le banc des remplaçants. Anne Hidalgo décide d'introniser le pire des ennemis socialistes d'Olivier Faure. Hélène Geoffroy, Patrick Mennucci, Philippe Doucet, Rachid Temal… Ça ne fonctionnera pas davantage. Anne Hidalgo a une façon bien à elle de faire de la politique : on est « avec elle » ou « contre elle ». C'est une guerrière, elle ne veut jamais céder un demi-centimètre à son adversaire du jour, qui n'est pas forcément celui de la veille et du lendemain.

Finalement, la campagne d'Anne Hidalgo aura fait le vacarme d'une berceuse. Même s'il est sans doute compliqué de se battre jusqu'au dernier souffle pour une candidature qui pique désespérément du nez dans les intentions de vote. Mais il y a comme des trous. L'organigramme de l'équipe est flou, les rôles sont mal distribués. Une secrétaire générale est dégotée tardivement : Laurence Girard, celle de la mairie de Paris. Une responsable tellement fidèle qu'elle n'osera jamais rien dire.

« Qui orchestre l'équipe de campagne ? Qui s'occupe des sondages ? Qui s'occupe vraiment des meetings ? » On avait fini par s'asseoir avec Luc Broussy, le président du conseil national du PS, pour faire le point, en janvier 2022. Il était passablement énervé. « Qui fait du storytelling ? Qui va dans les médias pour défendre la candidate sur les plateaux des chaînes infos et des réseaux sociaux pour relayer efficacement sa parole ? Au PS, Personne n'est au courant de rien. La semaine dernière, les affiches de campagne ont été conçues en quatrième vitesse par le PS sans que rien soit vraiment prévu en amont. Il y a des gens qui m'appellent : "Comment la joindre ?" Il n'y a pas de centre nerveux, pas d'état-major. Depuis le début, on cavale après tout et n'importe quoi. Personne ne comprend la logique de cette campagne. »

Il y aura bien des tentatives de sursauts. Le 13 janvier, elle présente son programme. Elle en parle depuis des semaines, le peaufine comme le joyau de sa candidature. L'arme fatale qui peut, elle l'espère, renverser la campagne et pulvériser ses adversaires à gauche. C'était aussi sa dernière cartouche. Après, elle n'aura plus grand-chose à mettre au clou. Mais comme il n'y avait plus la proposition du doublement du salaire des professeurs, personne n'en a vraiment parlé. Le même jour, les enseignants en grève manifestent partout en France. Ceux dont elle voulait doubler le salaire. L'équipe de campagne décide de maintenir la conférence de presse, tant pis si la voix des enseignants couvre celle de la candidate. Elle est devenue la championne du monde de la relance de campagne.

Samedi 5 février, elle voit encore des rayons de soleil partout. Elle est la première, à gauche, à obtenir ses

500 parrainages. Elle croit à un signe. Bernard Cazeneuve officialise sa prise de fonction en tant que président du comité de soutien de la candidate. L'ancien Premier ministre est gentil et encourageant. Du coup, elle a clos la séance par une tirade marmoréenne à l'attention des médias : « Vous me posez encore la question de savoir si je vais me retirer ? Vous me connaissez mal. Vous allez vous fatiguer avant moi. »

Mardi 8 février, un cinéma du quartier latin joue, en avant-première, *La Disparition*, un film-documentaire sur ces grandes heures du PS qui tournent, inexorablement, dans le sens d'une issue crépusculaire. François Mitterrand, Lionel Jospin, Michel Rocard, Martine Aubry… défilent sur le grand écran. À la sortie, personne ne dit que c'était mieux avant, mais tout le monde n'en pense pas moins. Julien Dray, le fil rouge du film en tant que Baron noir officiel, est content de sa soirée, mais accablé : « Hidalgo est objectivement sur une autre planète. Je ne comprends pas qu'aucun dirigeant socialiste n'ait le courage de dire la vérité sur cette campagne… On va droit dans le mur. »

Olivier Faure et Anne Hidalgo se sont vus, pour la dernière fois, le soir du premier tour. Anne Hidalgo lui en veut terriblement. La réciproque est tout à fait vraie. Il dit qu'il a tout fait pour limiter la casse, qu'il n'a jamais cherché à l'encombrer. À la fin de l'histoire, il estime qu'elle s'en sort plutôt bien. La naissance de la Nupes, l'amorce d'un nouveau cycle, lui a évité de rendre des comptes.

Les mauvais échos hollandais

Tout au long de la campagne, il y eut un écho lointain, mais persistant, pas forcément bienveillant. Avant qu'Anne Hidalgo ne se déclare, elle déjeune plusieurs fois avec François Hollande. C'est toujours l'ancien président qui se déplace à l'Hôtel de Ville. Il l'abreuve de conseils, il sait de quoi il parle, il est l'un des deux socialistes à avoir remporté l'élection suprême depuis l'avènement de la Ve République. C'est un tacticien. Il lui montre un tout petit trou de souris, entre une foultitude de candidatures, surtout à gauche. Il lui dit qu'elle peut créer l'exploit parce que le panorama politique, c'est une vraie purée de pois. À condition que son programme soit social-démocrate, écologique mais pas sectaire, audacieux mais réaliste. À condition qu'elle déroule une stratégie bien établie et que ses troupes suivent.

De retour dans ses bureaux, rue de Rivoli, il se désole. François Hollande regarde le déroulement de ce début de spectacle tragi-comique avec sa bonhomie coutumière, il manie l'humour comme une arme de combat intellectuel. Il distribue des friandises joliment enrobées et très acidulées. Une ironie fine et spécifique, une ironie sans amertume, spontanée et redoutable. Une bienveillance supposée dissimulée sous une grosse couche de cruauté :

« Son programme présidentiel, c'est celui du PS d'Olivier Faure ? Il y a en a pour tout le monde, donc pour personne. Des mesures sans aucune surprise. Il fallait qu'il y ait un effet de choc. À ce niveau dans les sondages, il n'y a pas d'autre voie que d'imaginer quelque chose de disruptif. »

« J'avais senti assez tôt sa volonté de se lancer. Dès le 10 mai 2021 au Creusot. Elle ne s'exprimait pas franchement, mais je sentais bien qu'elle avait pris sa décision. Comment a-t-elle pu paraître à ce point déterminée de façon précoce et s'être aussi peu préparée alors qu'elle a mené deux campagnes victorieuses à Paris ? »

« Je me suis vite demandé si autour d'elle on avait compris ce que c'était une campagne présidentielle et si on lui disait bien la vérité sur la situation, y compris sur les sondages. »

Quelquefois, il suffit d'un seul de ses regards pour la détruire. Il s'est toujours demandé si elle était au niveau, finalement.

Comment gérer François Hollande ? C'est la question que tout le monde se pose car tout le monde sait que l'ex-président, roi de l'intrigue politique, se tient au courant au millimètre de la moindre évolution de la campagne. Mais peu savent qu'il a une grande idée derrière la tête. Aussi grande que secrète. Et qu'en attendant, il n'y a rien d'autre à faire que de faire mine de l'encourager. L'équipe de campagne conseille à sa championne de rendre visite à l'ex-président de manière plus officielle. De diffuser un selfie pour le contenter, de faire comprendre aux électeurs qu'il n'est qu'un soutien de premier choix. L'obliger à s'en tenir là.

Sauf que pas du tout. Anne Hidalgo préfère se mettre sous son aile, placer sa seconde partie de campagne, puisque la première est catastrophique, sous des auspices hollandais. Elle change de ligne, embraye à fond sur une social-démocratie bon teint, elle modifie son équipe de campagne dans un nouveau tête-à-queue organisationnel en intronisant quelques hollandais historiques. Elle répond sans hésiter à son invitation de le rejoindre sur ses terres corréziennes. Le 7 novembre, à Tulle, son ancien fief, il veut afficher son soutien enthousiaste et indéfectible à la candidate. On avertit les journalistes, cela fera une chouette carte postale. Puis au salon du livre de Brive, on pourra dédicacer nos deux livres ensemble. Elle est tellement certaine de sa destinée qu'elle accourt les yeux fermés. François Hollande a beaucoup souri intérieurement quand il a vu la différence des queues pour les dédicaces respectives. Il avait prévu le coup. Quoi de plus humiliant pour la candidate officielle ?

Mardi 22 mars, à deux semaines du premier tour, François Hollande ferme le ban. Il est censément venu l'encourager et chauffer la salle lors d'un meeting à Limoges. La veille, il se demandait en souriant s'il n'allait pas discourir dans une salle à moitié pleine. Au pupitre, le sous-texte est limpide. Finie la plaisanterie, revenons à l'esprit de sérieux, l'avenir passera par moi. Après le meeting, dans la coulisse, tout le monde se précipite vers François Hollande, la candidate officielle s'est sentie toute seule.

Plus humiliant que tout ? Arthur Germain, 21 ans, est le fils d'Anne Hidalgo. Il a descendu la Seine à la nage. 777 kilomètres en barbotant, ça a fait un peu de buzz. Un vrai aventurier. Le soir du premier tour de l'élection présidentielle, il a fait preuve d'une audace tout aussi particulière : « Je n'ai pas voté pour ma mère. »

2

La campagne bricolée de Yannick Jadot, l'écolo solitaire

« Alexis, tu m'appelles un taxi ? » La densité d'électricité par mètre cube d'air n'est pas négligeable. Il est 21 heures ce dimanche 10 avril. Avec une poignée de fidèles, Yannick Jadot est réfugié dans une petite pièce impersonnelle, attenante à la scène de La Bellevilloise, salle de spectacle parisienne. Il opine légèrement de la tête en tension aussi maximale que contenue, hèle Alexis Braud, son conseiller politique le plus proche, son homme à tout faire toujours affairé. « Oui, un taxi. » Le désormais ex-candidat à l'élection présidentielle n'a qu'une envie, fuir vers un ailleurs le plus éloigné possible d'un premier tour d'élection présidentielle. Une heure trente qu'il est coincé sous une douche froide, trempé d'amertume. Depuis 19 h 30, il sait qu'il a dégringolé en dessous même des 5 %. 4,63 %. Un score comme une vilaine traînée de feu, des vapeurs écœurantes tout autour de lui, il a l'esprit en désordre, la cervelle brûlante. Il pensait, au minimum, écrabouiller le record de France de Noël Mamère en 2002 : 5,4 %. Mais il n'a pas échappé à la malédiction des pharaons écologistes qui tombent systématiquement en poussière au terme de l'élection suprême.

Devant plusieurs dizaines de militants, il vient d'en finir avec son allocution, retransmise en direct, expédiée en quelques minutes et quelques phrases lapidaires. Dans l'ordre : appeler explicitement à voter Emmanuel Macron au second tour pour faire barrage à Marine Le Pen. Rappeler « l'urgence vitale de la bataille pour le climat et la biodiversité ». Ne pas oublier d'apporter son écot pour sauver son parti qui doit rembourser 5 millions d'euros. Fin de discours plutôt décalée.

Puis, retour illico dans la petite loge, dans le camp de la douleur. Il y a un candidat qui se frotte encore les yeux de surprise et une famélique équipe de campagne qui se dit que tout ça va lui retomber sur la figure. De l'autre côté de la porte, les soutiens de la première heure et une grappe de journalistes qui patientent, qui adoreraient avoir une réaction un peu plus « intime » et quelques explications étayées en guise de baroud d'honneur. « Tu m'appelles un taxi ? » Yannick Jadot n'a plus envie de jouer, c'est trop. Trop injuste, trop désemparé, trop fatigué.

Il y a une heure trente, il pensait encore qu'il pouvait sauver la France et la planète entière. Dangereuse apesanteur ? Il n'était pas tout seul. Son équipe rapprochée s'accrochait au vain espoir d'un sursaut dans la veine bleu océan de son premier succès, en tant que tête de liste lors des élections européennes de 2019 quand le résultat s'était révélé nettement supérieur aux prévisions. Il y a encore quelques jours, Yannick Jadot ricanait de ces sondages qui l'envoyaient par le fond. Il était même d'un calme impeccable. Avec une pointe de confiance en soi qui ne le quitte pas souvent. Il est à 7,5 % dans les sondages ? Pas un souci. Il a une anecdote en magasin, ressassée en boucle à tous les journalistes, gênés à force de lui demander ce qu'il pense de ces sondages si peu encourageants. : « Le matin des élections européennes, l'Ifop nous mettait à 6,5 %. Le soir, on a fait plus du double (13,5 %). »

Yannick Jadot pensait que la mer de la présidentielle s'ouvrirait devant lui. Parce que l'écologie est devenue LA cause du XXIe siècle. Parce que l'écologie est devenue une affaire de science et de conscience. Parce que les rapports alarmants du GIEC, le groupe d'experts international qui planche sur le climat. Parce que les marches contre le dérèglement climatique qui rassemblent des centaines de milliers de personnes. Parce que Greta Thunberg. Parce que *Don't look up*. Alignement de planètes plus que favorable, tout est OK pour l'avènement du moment vert, c'est même un mystère de la nature qu'un écolo ne soit pas déjà président. Yannick Jadot devait bousculer les équilibres politiques, ne plus être l'éternel figurant, le candidat de témoignage à qui on tapote sur la tête en lui demandant d'aller jouer ailleurs quand les choses deviennent sérieuses.

Dangereuse apesanteur ? Yannick Jadot n'est pas astrologue mais il ne doute de rien, et surtout pas de lui. Au début de la guerre en Ukraine, le futur « président du climat » disait encore : « On est dans un moment particulier, historique. La bataille pour le climat est une bataille pour la sécurité internationale. Jamais une campagne écologiste n'a eu autant de pertinence et de responsabilité historique. On verra le 10 avril. » Le 10 avril, on a surtout vu l'effondrement du soleil.

En général, Alexis Braud est toujours à faire oui de la tête quand son boss prend la parole pour exprimer une idée lumineuse. Mais là, quand même…

« Tu ne veux pas faire un tour dans la salle avant ? Histoire de dire un mot aux journalistes et aux militants ?

« Tu m'appelles un taxi s'il te plaît ? »

Il est 21 h 15, ultime esquive. Seul Éric Piolle, le maire de Grenoble et rival malheureux de la primaire, vient dire quelques mots réconfort avant de filer sur un plateau télévisé pour tenter de donner le change. Yannick Jadot, rentré en lui-même, à des années-lumière de ce qu'il espérait. Ce départ est d'une telle extravagance…

Dans un coin de la pièce se tient un homme discret qui ne paye pas de mine et qui ne perd pas une miette de ce non-spectacle. Qui se dit que tout ça se finit bien tristement, mais que rien n'est jamais dû au hasard. Que toutes les erreurs et les insuffisances se payent un jour. Et que cette fin de soirée pathétique synthétise tout. Durant six mois de campagne, Yannick Jadot n'a pas écouté grand monde hormis lui-même. Durant six mois, le candidat fut autant à côté de la plaque que sûr de lui. Une assurance en l'avènement inéluctable de l'écologie politique qui ne l'incitera pas à se battre comme un enragé. Cela donne une idée à Denis Pingaud.

Des gros cigares

Au premier abord, Denis Pingaud n'a pas l'air commode. Il a des lèvres minces, un sourire furtif, de tout petits yeux qui furètent un peu partout. Il semble toujours tapi dans une zone d'ombre mystérieuse, dont il ne s'extirpe jamais vraiment. Au second abord, on n'a pas trop envie de s'asseoir à côté de lui, il fume souvent un gros cigare malodorant. C'est un drôle d'oiseau intrigant, mais finalement très intéressant. À la Ligue communiste révolutionnaire, dans les années 1970, il avait un pseudonyme, comme tous les trotskistes français qui se préparaient à mourir pour la Révolution.

Il avait choisi Séraphin. Comme Séraphin Lampion, le vendeur-représentant-placier exubérant qui pratique l'esbroufe à tout bout de champ dans Tintin. Denis Pingaud est beaucoup, beaucoup, moins bavard. Une fois qu'il a mis de côté tous ses rêves, dans les années 1980, comme l'écrasante majorité de ses congénères du grand soir, il a décidé de conseiller les puissants. Des chefs d'entreprise ambitieux, des grands patrons qui traversent une mauvaise passe et des personnalités politiques soucieuses d'accéder à des fonctions essentielles. En fait, c'est facile pour lui, il a été formé à l'une des meilleures écoles de stratégie politique.

La liste de ses conseillé(e)s est longue. Précisons, simplement, qu'il aida Delphine Ernotte à accéder à la présidence de France Télévisions et qu'il fut le visiteur du soir de François Hollande, Président de la République. En 2002, aussi, il a écrit *L'Impossible Défaite*, sur la campagne de Lionel Jospin. Et enfin, qu'une fibre écologiste l'incita à conseiller José Bové quand l'agriculteur du Larzac voulut faire de la politique sérieusement.

Denis Pingaud côtoie Yannick Jadot depuis une paire d'années. L'écologiste garde le conseiller près de lui pour réfléchir à sa future stratégie présidentielle. Il n'a pas une grande confiance en son parti, Europe Écologie-Les Verts (EELV). Il sait aussi qu'il souffre personnellement d'un déficit majeur de notoriété. Même s'il est convaincu d'être l'homme de la situation, il préfère réunir un « cercle de confiance » autour de lui. Denis Pingaud est donc au cœur du dispositif de la campagne écologiste, mais derrière un paravent. Il y a une première chose que nous a dite Denis Pingaud concernant Yannick Jadot. C'était presque un an avant l'élection suprême, le communicant lui réservait un ticket gagnant, mais sous condition : « Il est perçu comme un militant qui a beaucoup fait progresser la cause de l'écologie. Mais il doit opérer une transgression pour passer du statut de premier d'une classe chahuteuse et incontrôlable à celui de candidat à gouverner le pays. Dans cette démarche, il ne faut pas qu'il redoute les commentaires arides des observateurs ou les polémiques désagréables venant de son camp. En termes d'image, c'est toujours mieux que le doute poli, voire l'indifférence, sur son avenir. »

Peu de membres de l'équipe de campagne ont su à quel point Pingaud avait été important dans l'écosystème politique intime de Yannick Jadot. Pingaud ne disposait d'aucune case dans l'organigramme. Un conseiller spécial. Avec une spécialité : définir la notion de performance. Justement, durant cette campagne écologiste, Denis Pigaud a dû répondre à la question la plus complexe de sa carrière : comment faîre exister Yannick Jadot ?

À l'issue de réponses peu concluantes, Pingaud a tenu à décortiquer, contrairement à son protégé qui attend qu'on lui appelle son taxi, cette campagne qui n'a mené nulle part. Le consultant a rédigé le petit guide de tout ce qu'il ne faut pas faire. Une note critique de 35 pages, écrite pour la Fondation Jean-Jaurès, et qui commence ainsi : « Il avait un boulevard. Il a fini dans une impasse… » Sans rentrer dans les détails, notons qu'en guise de préambule, il y était question d'objectifs initiaux haut placés : « la présidentielle exige une bonne dose de différenciation – être unique dans la compétition – et un zeste raisonnable de provocation – être dérangeant dans le jeu. Il faut une campagne mature et décapante. Imposer son sujet dans le brouhaha qui envahit l'écosystème politico-médiatique. Etc. » Les pages qui suivent expliquent que, malheureusement, ces objectifs n'ont pas tous été forcément atteints. On vous fera grâce des 35 pages d'analyse, à froid, de la « performance » du candidat Jadot que rien n'a pu sauver.

En revanche, notre chance fut qu'on a parlé régulièrement avec Denis Pingaud et ses cigares tout au long de la campagne. Il nous a livré un compte rendu détaillé des différents points d'étapes décisifs ou considérés comme tels, mais guère plus glorieux les uns que les autres.

Comme ce vendredi 10 décembre 2021, quand Denis Pingaud nous appelle, moins impassible qu'à l'ordinaire. « Je ne sais plus comment faire… Il n'imprime pas. Rien à faire… Et si je lui disais de mettre un kilt ? C'est une bonne idée, non ? » Il est en proie aux tortures de l'inspiration. Un autre jour, Denis

Pingaud a même envisagé de lui faire enfiler une chemise hawaïenne.

En cette fin d'année, la campagne est menée de façon tellement approximative que Denis Pingaud commence à s'arracher les cheveux. « Sa campagne, c'est une inertie à maîtriser et il n'y a rien de pire. Bon… On verra demain. Il est chez lui, il va parler de lui. Il sera bien. Il va monter en puissance et en intensité. Je ne vais pas à Laon, mais je vous appelle après. Vous me direz comment ça s'est passé. »

Le lendemain, Yannick Jadot donne son premier grand meeting, à Laon, dans l'Aisne. Le candidat est originaire d'une commune, juste à côté. Alors, il a choisi un gymnase au pied de la ville pour ce grand moment fondateur. À l'intérieur dudit gymnase, il y a des militants assis en rond sur des cubes en carton, et, au milieu, un violoniste qui joue de la musique classique dans un silence de cathédrale, avant de laisser la parole au candidat. Le cadre, un violoniste et une ronde de cartons, tout cela peut paraître assez surréaliste pour lancer sa campagne. Mais les caméras sont au rendez-vous. Les chaînes d'informations en continu ont même prévu un direct.

Sur la route du retour, c'est Denis Pingaud qui parle. On a à peine le temps de blaguer sur les sièges en carton et de lui confier piteusement qu'on a failli s'endormir pendant le discours : « Ouais, ouais… En fait, ce que vous n'avez pas su, c'est que Yannick avait prévu de parler 45 minutes. Les télés étaient prévenues, c'était le timing idéal pour une retransmission.

Mais Yannick a parlé une heure cinquante ! Pour les téléspectateurs, ça a dû être la double peine. La retransmission a été coupée brusquement au bout d'une heure. Il voulait parler de tout. Il n'a imprimé sur rien », comme on dit poliment dans les agences de communication politique. Imprimer est un mot qui revient beaucoup dans une campagne présidentielle, surtout quand elle est pénible à souhait. Il y a bien un directeur de campagne qui s'appelle Mounir Satouri, député européen. C'est un garçon très sympathique. Voilà. On a tout dit.

Le de Gaulle de l'écologie

Le visage de Yannick Jadot est éminemment expressif. On sait tout de suite ce qui le rend de très mauvaise humeur : une simple question à propos de sa géolocalisation sur le spectre de l'écologie politique, réputée « Macron-compatible », voire « droitière » à force d'être réaliste, sérieuse et crédible, et c'est le renfrognement garanti : « Mais arrêtez avec ça… Trouvez-moi un exemple ! Cette histoire n'a aucun sens. Toute ma trajectoire, altermondialiste, contre les accords de libre-échange, mes actions au Bangladesh, à Greenpeace prouvent tout le contraire. Mais je dis aussi qu'on ne peut pas changer la société contre les entreprises. Donc, il faut parler à tout le monde. Voilà… »

Quand il s'emporte, ça tombe de haut, il a la taille d'un phare. Il râle et s'agace mais, en réalité, il donne le sentiment continu d'être sur la défensive, de devoir prouver à tout bout de champ que c'est une drogue verte qui coule directement dans ses veines, de devoir se justifier de tout et de se croire obligé de donner des gages à tout le monde. Et surtout aux militants les plus « gauchistes » de son parti – il y en a, beaucoup, vraiment – qui le suspectent d'avoir l'écologie un peu trop frileuse, un peu trop timide, un peu trop racoleuse. Le jadotisme est d'essence suspecte pour un parti historiquement dominé par les pulsions de son aile gauche. Pourtant, il peut aussi lui arriver de s'égarer dans des réflexions un peu psychédéliques dont l'impact sur le réel paraît hypothétique : « N'oublions pas que nous défendons le beau en chacun de nous, dans la nature, l'harmonie des humains avec la nature, c'est ça l'écologie ! » Mais le Vert de gauche trouve que Jadot a le radicalisme qui s'émousse et il doute que Jadot veuille rompre tout à fait avec l'ordre du monde qui court à sa perte. À tout cela, Yannick Jadot apporte toujours la même réponse : convivialité et ouverture d'esprit. Son écologie est pragmatique et responsable, radicale dans le projet mais elle se doit d'être furieusement rassembleuse si elle veut gouverner depuis l'Élysée le plus vite possible. Il veut être un écolo institutionnellement crédible.

D'ailleurs, il prend toujours soin de privilégier une hauteur de vue présidentielle. C'est son credo : quelle que soit la mollesse réputée de son écologie totale, qui donc aurait, à part lui, une chance d'exister à l'élection présidentielle ? Une notoriété ancrée dans le paysage national depuis son succès aux élections européennes de 2019. Justement, chez les écolos, on lui reproche, aussi, de s'encombrer d'un ego proéminent, et d'avoir cette manie de vouloir surtout s'occuper de son destin personnel. Yannick Jadot, sorte de mini-laboratoire central des contradictions humaines de notre temps : il veut sauver le monde, mais c'est quand même essentiel si c'est lui qui y parvient. Alors, il faudra toujours se demander ce qui se niche dans la tête d'une personnalité politique qui a une haute opinion de lui-même : défend-il LA cause et/ou SA cause ?

Il faut toujours un peu de narcissisme pour se lancer dans une telle aventure politique. Ça tombe bien. Il a l'appendice nasal de Charles de Gaulle et une voix de stentor veloutée. Un itinéraire original, aussi, qu'il ne manque jamais de rappeler. Jadot, 54 ans, est bardé de diplômes écolos. Coopérant au Burkina Faso et au Bangladesh, activiste lors des sommets altermondialistes des années 1990, escales à Seattle et à Porto Alegre. Il travaille, entre 1995 et 2001, chez Solagral, une ONG d'aide aux paysans du Sud. Puis il sera directeur des campagnes chez Greenpeace France. Son premier gros quart d'heure de célébrité date de 2005, quand il force, en Zodiac, l'entrée de la base de sous-marins nucléaires de l'île Longue (Finistère). Il est condamné par un tribunal militaire pour « atteinte aux intérêts supérieurs de la nation ». Non, mais quel patron d'un parti politique pourrait-il se vanter d'un truc pareil ?

Le second quart d'heure de lumière intervient en septembre 2007, lors du Grenelle de l'environnement, organisé par le président Sarkozy. Yannick Jadot parvient à extraire Greenpeace de son atavisme protestataire en venant à la table des négos. Jean-Louis Borloo, le ministre de l'Environnement de l'époque, centriste, surnomme Jadot « le Viking », « parce qu'il est parti à l'abordage de son propre destin ». Dans la foulée, il crée Europe Écologie-Les Verts avec Daniel Cohn-Bendit et José Bové qui deviennent tous députés européens. « Yannick passe du zig au zag en un temps record, en fonction d'une boussole qui, finalement, n'est que lui-même », assure Jean-Paul Besset qui fait partie de la petite bande des députés écolos au Parlement de Strasbourg. En vue de l'élection présidentielle de 2017, il remporte, déjà, la primaire écologiste. Yannick Jadot adorerait lire son nom sur les bulletins de vote, mais les sondages sont lugubres. Il se désiste au profit de Benoît Hamon, le candidat du PS. La manière fait jaser : il l'annonce au « 20 heures », la veille du vote des militants qui doit entériner le ralliement. Certains crient au déni de démocratie.

Le mode d'emploi du monsieur est complexe. Il incarne l'écolo moderne loin du baba cool antisystème. Il renvoie un sentiment de puissance personnelle, mais reste tout en pudeur. Il dégage la fierté d'un sauveur de panda géant, ne donne jamais l'impression de douter de quoi que ce soit, mais ne sera jamais une boule de démolition politique. Derrière ses airs de cow-boy, le Picard n'est pas un aventurier. Comme le dit Denis Pingaud qui commence à bien le connaître : « Il ne se demande pas toutes les cinq minutes comment il va faire sauter la banque. C'est pas Macron, quoi. »

La puissance de nuisance de Sandrine Rousseau

Il est 18 heures, ce mardi 28 septembre 2021, à Pantin, Denis Pingaud se pose sur un muret, sur les bords du canal de l'Ourcq, et allume un cigare. Il inspecte la situation, il fait ça très bien, c'est son métier. « Yannick est dans la merde. » Pourtant, son protégé vient, à l'instant, de remporter la primaire écologiste à laquelle 122 000 citoyens ont participé. Mais de justesse. 51 % contre 49 pour Sandrine Rousseau, l'écoféministe radicale qui crève l'écran depuis des semaines et le début de cette primaire qui a marqué les esprits par l'intérêt des débats, l'engouement militant et la clarté sans accroc de son organisation. Sandrine Rousseau a failli déjouer tous les pronostics, mais les caméras ont envahi les quais de Pantin pour introniser Yannick Jadot, désormais le candidat officiel d'EELV.

Oui, mais « Yannick est dans la merde ». Denis Pingaud sent, déjà, le piège se refermer. Sandrine Rousseau, bourrée d'énergie, va lui empoisonner toute la campagne. « Rousseau va lui mordre les mollets. Il ne pourra pas faire un pas sans devoir donner des gages à la frange la plus radicale des écolos. » Cette primaire, Pingaud savait que c'était une mauvaise idée. « On était quelques-uns à lui conseiller de partir seul. Sans passer par la case primaire dont l'issue est toujours incertaine. La preuve. Il a hésité pendant un an. Mais Yannick n'est décidément pas un aventurier. Zapper la primaire, ce n'était pas un problème de loyauté à son parti, il l'a toujours été. C'était plutôt un souci d'efficacité. Il aurait pu se démarquer d'un parti qui ne parle à personne, avec un fonctionnement interne nébuleux… Là, c'est mort. Ce score, à Rousseau, ça va lui donner des ailes. Elle ne se privera pas de dire ce qu'elle pense. Et comme elle ne pense pas que du bien de Yannick… »

Rousseau et Jadot sont reliés par du fil de fer, c'est même compliqué de se détester plus que ces deux-là. Le lendemain, à 15 heures, ils se retrouvent dans un café place Denfert-Rochereau. Yannick Jadot a fait venir Sandrine Rousseau près de chez lui pour parler de la suite. Il entame la discussion de manière assez virile : « Si tu as fait ce score, c'est grâce aux "trolls" qui ont pollué la primaire sur Internet, tu le sais, non ? » Après, il lui propose un poste très honorifique, dans l'équipe de campagne : intégrer un conseil politique encore à l'état de projet.

En réalité, il n'attend qu'une chose, qu'elle parte d'elle-même, tant elle semble ne pas se remettre d'avoir perdu de 1 %, à 2 110 voix près. La pousser à la faute. Il mise sur le coup de pression de la mauvaise joueuse. Mais il craint aussi qu'elle ne perturbe sa campagne encore plus fortement de l'extérieur. En fait, il ne sait pas trop quoi faire. Il clôt l'entretien quand il nous voit arriver dans le café puisque nous avons rendez-vous, à notre tour, avec Sandrine Rousseau. « Sandrine, tu es sûre que tu veux encore parler à des journalistes ? Tu n'es pas un peu fatiguée ? Tu ne veux pas aller te reposer ? » Ça ne lui a pas trop plu à Rousseau, ce ton-là.

Plutôt que d'aller faire la sieste, elle a voulu régler ses comptes. Et sur ce thème, elle est inlassable. « Il n'a rien fait d'autre que de me proposer d'intégrer un conseil politique… Je n'ai même pas compris ce que c'était. » « Quand Yannick Jadot me dit : "Pour gagner, il nous faut tant de millions de voix et quelques chômeurs"… Ce n'est plus possible d'entendre ça. Soit on prend conscience des choses, soit on continue à faire de la petite politique. C'est sa responsabilité de leader politique. » « … Si Yannick Jadot est réellement le grand rassembleur qu'il prétend être. Je ne suis pas certaine qu'il ait vu ou qu'il veuille voir le mouvement qui s'est levé avec ma candidature. J'ai l'impression d'avoir réveillé un espoir, une incarnation différente, une autre façon de faire de la politique. Si rien ne s'était passé, on ne me traiterait pas de Greta Thunberg ménopausée ! La radicalité doit être présente dans la campagne écologiste pour changer réellement les choses, sinon on se plantera.

Comme d'habitude. » « Il m'a dit qu'il me rappellerait. » « Je serai loyale, je ne partirai pas à La France insoumise, mais je ne suis pas tenue de faire campagne. » Et ainsi de suite.

La première fois qu'on a rencontré Sandrine Rousseau en tant que candidate à l'élection présidentielle, en février 2021, elle venait tout juste de se déclarer et elle n'était pas du tout célèbre. Ce jour-là, on a pu la croire fragile et candide, peut-être encore irrésolue, on a craint que sa tentative présidentielle ne soit quelque peu intrépide et ne soit vite engloutie par les deux têtes d'affiche masculines : Éric Piolle et Yannick Jadot. On aurait dû avoir des doutes, quand on lui avait demandé comment elle s'y prendrait, une fois présidente, pour parler avec son homologue russe, Vladimir Poutine. Elle avait répondu tout de go : « Poutine ? Mais qu'il vienne ! Je suis prête à affronter le dirigeant le plus "viriliste" de la planète ! »

Elle s'est médiatisée à toute vitesse. L'art d'attirer la foudre, la droite la déteste. Au début, elle est une Arlette Laguiller un peu moquée. Le quotidien anglais *The Guardian* qualifie l'irruption de Sandrine Rousseau dans la campagne de « choc politique » dans l'article qu'il consacre à l'incarnation de l'« écologie punk ». La défense des minorités discriminées, l'intersectionnalité des luttes féministes, antiracistes et décoloniales…

Sandrine Rousseau et EELV, c'est une histoire compliquée. Elle en fut la numéro 2 en 2016, avant d'en claquer la porte un an après. Cette enseignante-chercheuse en économie est alors devenue un symbole de la lutte contre les violences faites aux femmes en accusant d'agression sexuelle, avec trois autres plaignantes, Denis Baupin, ex-responsable du parti écologiste. Les faits étaient prescrits, mais Baupin a démissionné de la vice-présidence de l'Assemblée nationale. Sandrine Rousseau, elle, quitte EELV, « un genou à terre » : « Le parti m'a soutenue, mais il y a eu des tensions. On m'a bien fait comprendre que j'étais devenue "ingérable". Quelques semaines après l'affaire, lors d'un congrès, je suis ovationnée mais, dans le même temps, l'intégralité des postes régaliens d'EELV était confiée à des hommes. » Elle se retire quelques années de la politique, écrit un livre *Parler*, fonde une association du même nom qui accompagne la parole des victimes de violences sexuelles et sexistes. La nomination de Gérald Darmanin au ministère de l'Intérieur, malgré une plainte pour viol à son encontre, précipite son retour : « Insupportable. La ligne rouge a été franchie. » Elle revient chez les écologistes avec une ambition présidentielle. En début de campagne de la primaire écologiste, elle s'estimait maltraitée par Julien Bayou qui ne l'avait jamais reçue en tête à tête et ne lui envoyait que des SMS pour la recadrer. Pour compenser un peu, elle avait reçu le soutien public de l'actrice Jane Fonda.

Après le café place Denfert-Rochereau, elle ne s'est jamais insérée dans le dispositif de la campagne écologiste. Elle a dit du mal du candidat et de sa campagne à tout bout de champ. Elle se savait en sursis, mais elle est infatigable. Le 3 mars, elle est évincée de l'équipe. Un journaliste du *Parisien* a fini par craquer le off, comme on dit dans le jargon. Il a publié ceci, après un déjeuner durant lequel Sandrine Rousseau avait été aussi aimable qu'à l'ordinaire : « À se mettre dans la roue de Macron, je ne vois pas ce qu'on gagne » pour qualifier les positions de Yannick Jadot sur la guerre en Ukraine. Le discours du candidat écologiste ? « Trop flou. Zemmour ou Macron imposent un récit. Nous, on vend des chaudières. » Et estime, notamment, que la campagne s'enlise : « Nos grands stratèges sont nuls ! Je deviens folle ! Ils se plantent sur tout… C'est un gâchis. »

Virée. Pour trahison. Avec pertes, fracas et grosse bulle médiatique de quelques heures. Il se sera au moins passé quelque chose durant la campagne écolo.

« Moi aussi, je m'emmerde »

Coup de fil tardif de Denis Pingaud au crépuscule du 5 janvier 2021. « Vous allez à Bordeaux avec Yannick, demain ? Ah ! Très bien ! Parce que je sors d'une réunion pour caler le déplacement. On a discuté de beaucoup de choses. On est tombés d'accord sur des idées précises. Dorénavant, chaque visite en province doit être l'occasion de susciter une réaction forte dans l'opinion, une polémique dans le paysage médiatico-politique. Il faut accélérer le tempo, faire des coups. Il faut réveiller le truc, quoi ! À Bordeaux, vous allez voir, il va centrer son déplacement sur les jeunes. Avec des déclarations solennelles. Sur le thème : “C'est votre élection !” Vous serez pas mal de journalistes. Ça devrait être bien. »

« Super ! »

À Bordeaux, on a vu des jeunes dans un lycée technique qui apprenaient à garder une ville propre. On a même assisté à un atelier de nettoyage de graffitis. Les jeunes n'avaient pas grand-chose à dire, ils n'ont pas dit grand-chose. Yannick Jadot, lui, a beaucoup dit : « Très bien. Très bien. Très bien ça. » Après, on est tous remontés dans le bus à colza pour se retrouver coincé un bon moment dans les embouteillages sur le périphérique. Ce qui a un peu perturbé l'agencement minuté de cette journée. Puis, on a visité une banque alimentaire, c'était intéressant, mais il n'y avait pas beaucoup de jeunes, voire pas du tout. À la fin, le candidat a improvisé une petite conférence de presse, mais le souvenir de ce qu'il fallait en noter reste assez flou. Il a fait une sortie sur l'assistanat et le revenu minimum jeunesse, mais ce n'était pas très clair. Dans le train du retour, Denis Pingaud nous a appelés au rapport : « Alors ? C'était comment ? Bien ? »

Voilà ce qu'il écrit dans sa note sur la campagne de Yannick Jadot : « Un exemple parmi d'autres illustre la dérive de cette mécanique répétitive des déplacements. Le 5 janvier, une cinquantaine de journalistes se bousculent derrière Yannick Jadot qui effectue son premier déplacement de l'année à Bordeaux sur le thème de la jeunesse. Le contexte est politiquement compliqué depuis que Christiane Taubira s'est déclarée candidate et que la pression monte pour faire participer tous les candidats estampillés à gauche à la primaire populaire. Ce peut être l'occasion, soit de s'en démarquer clairement en revendiquant plutôt le rassemblement des électeurs de tous bords attachés à l'enjeu climatique et environnemental, soit de manifester sa connivence et sa complémentarité avec le maire désormais écologiste d'une des plus grandes villes de France, soit d'annoncer une mesure forte pour les jeunes comme le revenu citoyen de 900 euros qui figurera plus tard dans le programme. Au lieu de quoi, le candidat suggère de ne pas perdre de temps avec la primaire qu'il récuse et souligne que la campagne ne fait que démarrer. Les journalistes restent sur leur faim. Ils se précipiteront moins, par la suite, pour couvrir les sorties du candidat. »

Yannick Jadot organise beaucoup de réunions, mais personne n'est certain que cela serve à grand-chose. Deux jours plus tard, pour faire le point, on a déjeuné avec Denis Pingaud, dans un restaurant de viandes de la place de la Nation. Le communicant commençait peut-être à en avoir assez des légumes verts. On a mangé et on l'a écouté. « Yannick fait une campagne comme s'il était à 15 % alors qu'il est à 7. Il fait une campagne zéro risque. Comme s'il suffisait d'être écologiste pour gagner… Je lui ai dit : "À force de ne pas vouloir faire d'erreurs, tu fais une campagne trop scolaire. Trop prudente, trop sérieuse… Chiante." Il en a conscience, mais le problème, c'est que ça fait deux mois qu'il nous dit : "Il ne faut pas croire les sondages. Vous allez voir en janvier." Il se regarde tellement faire campagne qu'il ne fait pas campagne. » Il peut réaliser quelques petits coups gagnants de temps en temps, comme imposer le débat sur l'interdiction de la chasse, mais d'autres s'évaporent comme des nuages.

Denis Pingaud achève le déjeuner sur une dernière bonne info : « Hier, Delphine Batho lui a dit : "Tu as fait une mauvaise campagne pendant les primaires. Et là, tu refais la même." Yannick m'a dit en aparté : "Tu sais Denis, moi aussi, de temps en temps, je m'emmerde." »

Denis Pingaud avait l'air un peu désabusé, il a même oublié d'allumer un cigare. C'est fou le nombre d'écologistes qui nous ont paru désabusés au cours de cette campagne déroulée sans tonus et en charentaises.

Du pétrole !

Strasbourg, le 21 janvier. Attention les yeux ! Grand tournant décrété ! On allait voir ce qu'on allait voir. L'eurodéputé Yannick Jadot attend de pied ferme Emmanuel Macron au Parlement européen. Le Président vient présenter officiellement les priorités de la présidence française de l'Union européenne. La parole sera donnée à quelques députés français qui pourront interpeller le Président. Yannick Jadot s'est précipité pour s'inscrire à l'activité du jour.

Il faut dire que Yannick Jadot est déjà à la recherche d'un troisième souffle. Alors, il a tout bien préparé. La configuration des lieux. Ses deux mètres seront au pupitre. Emmanuel Macron sera assis. Le contraste sera saisissant. Il s'adressera directement au Président sans regarder ses collègues, comme le veut pourtant la tradition. Le discours sera offensif, la tonalité, pas moins. Il a voulu organiser un match de boxe dans un hémicycle d'ordinaire ouaté et empesé.

Comme prévu, il lui parle droit dans les yeux. « Parle » est sans doute un peu faible. Pendant dix longues minutes, à trois mètres de sa cible, Yannick Jadot est en feu : « Vous resterez dans l'Histoire le président de l'inaction climatique. Au fond vous êtes un climato-arrangeant, vous préférez signer des armistices avec les lobbies plutôt que de mener la guerre contre le dérèglement climatique. » Pour la virulence de son intervention, Yannick Jadot est rappelé à l'ordre par la présidente du Parlement européen. Puis, depuis Paris et la Macronie, les ripostes ne tardent pas à fuser. La ministre déléguée à la Citoyenneté Marlène Schiappa tweete : « Tourner le dos aux parlementaires européens pendant tout son discours pour pointer du doigt et attaquer ad hominem le président de la République dans une instance européenne est indigne [...]. #Gardez vos nerfs. »

Juste après le show politique de Yannick Jadot au Parlement européen, on a de nouveau interrogé ses proches. Leur bonheur était total, comme si du pétrole avait jailli du sous-sol d'une campagne aussi mouvementée qu'un lac suisse. Rebelote le soir même, pour son meeting. Il électrise la centaine de sympathisants avec un discours aussi bref qu'incisif. Beaucoup plus qu'à Laon, en tout cas. Le candidat est catégorique : « Ça va finir par marcher. »

Allô Pingaud ? Alors, ce coup d'éclat ? Bien, non ? Il se passe enfin quelque chose, non ?

Sceptique, Pingaud : « Mouais. Je me demande s'il n'y est pas allé trop fort quand même... Et puis pourquoi faire un meeting le soir même ? Il fallait rester sur le fait du jour... Ça dilue. Et il s'épuise. »

Le lendemain, sur le quai de la gare, Yannick Jadot croise Jean-Luc Mélenchon, également présent à Strasbourg, qui lui prodigue une accolade sincèrement conviviale, d'égal à égal. Alors, dans le train matinal qui le ramenait à Paris, Yannick Jadot était furieusement content de lui, il souriait très fort, tout en essayant de rester modeste, ce qui n'était pas toujours simple pour lui. « Oui, certainement, ça restera un moment de campagne. » Il a même dit en rigolant : « Donnez-moi les noms de tous ceux qui vous disent que je suis trop timide, que je les vire ! »

Plus sérieusement, il assure qu'il n'a pas besoin de vitamines et que le temps ne presse pas, pas encore : « Qu'est-ce que je vais aller m'exciter alors qu'on n'est pas encore en campagne ? Je me réserve pour la dernière ligne droite. On va monter en puissance et en intensité. On sait où on va. La campagne va démarrer début mars. »

Le 8 mars, on retrouve Denis Pingaud derrière son havane qui fait un tas de volutes. « Je ne sais pas si Yannick mesure qu'il peut finir à 4 ou 5 %. »

Daniel Cohn-Bendit a fait un rêve

Pour varier les plaisirs, on fait une infidélité à Denis Pingaud et on s'attable avec Daniel Cohn-Bendit dans un restaurant japonais du quartier de Montparnasse. L'icône de Mai-68 habite en Allemagne, mais garde des habitudes à Paris. Tous les dimanches, il est sur le plateau de BFM, avant de regagner un hôtel 100 % écolo, tout près du domicile de Yannick Jadot, tout près de la place Denfert-Rochereau. Daniel Cohn-Bendit connaît bien Yannick Jadot, son ancien collègue au Parlement européen. Ils partagent deux passions envahissantes : le foot et l'écologie politique. En 2009, les artisans de la naissance d'Europe Écologie-Les Verts, qui a obtenu, aux élections européennes, le meilleur score jamais réalisé par ce courant politique, donnaient l'image d'une joyeuse bande. De Dany Cohn-Bendit à José Bové, en passant par Eva Joly.

Mais Cohn-Bendit et Jadot ne se voient plus jamais. Quand on demande pourquoi à Yannick Jadot, il lève les yeux au ciel, mi-amusé, mi-agacé : « Ah ! Danny… Mais il est macronien, maintenant. »

La solitude est un trait marquant chez Yannick Jadot. Pas trop de compagnons de route. Pas une envie furieuse de construire des réseaux, d'attirer des alliés, même de la société civile. Durant sa campagne, il y aura eu zéro attraction mobilisatrice. José Bové, dont la notoriété dépasse celle de Yannick Jadot, n'est que très peu sollicité. Noël Mamère, vétéran des combats écologistes, Cédric Villani, dissident de la Macronie, ne sont associés que rarement. L'orgueil, la certitude qu'il décrochera le Graal seul l'empêcheront, toujours, de jouer collectif.

Plus tard, dans sa note, Denis Pingaud écrira même : « Sa détermination et sa certitude de pouvoir accéder, si les conditions s'y prêtent, au statut de prétendant reconnu à la présidence de la République l'éloignent d'un travail pourtant essentiel : la révérence auprès des sachants de tous horizons, engagés dans la production d'idées ou le pilotage d'organisations activistes. » Cruel.

Entre deux sushis, Dany Cohn-Bendit réfléchit. « Si j'étais lui, j'oublie "moi Président", j'oublie la cravate et je fais une coalition. » Oui, parce qu'au même moment Yannick Jadot vient d'arrêter une décision décisive. Il modifie radicalement son code vestimentaire. Il a acheté une cravate. Denis Pingaud est dépité : « Après presque deux ans de pré-campagne dans un style plutôt décontracté, le changement de tenue n'aura pour effet que de nourrir des commentaires sur ce nouvel attribut. » C'est exactement ce qu'il advient. Mais même les sondages s'en fichent royalement.

La cravate, symbole du conformisme. Ça ne va pas pour Daniel Cohn-Bendit qui a fait un rêve : « Tant que les écologistes ne comprendront pas que la seule chance d'influence, c'est la coalition avec ceux qui ne sont pas d'accord avec eux… Si Yannick arrive à 10 %, il pourra peser fortement. Mais tu ne peux pas hurler à l'imminence d'une catastrophe écologique et refuser de prendre en compte le principe de réalité politique. De son côté, Emmanuel Macron, s'il est réélu, doit comprendre qu'il lui faut gouverner autrement. » L'ancienne figure de Mai-68 veut croire que Yannick Jadot est fondamentalement d'accord avec lui, mais qu'il est « bloqué par les Verts extrémistes. Il y a deux Yannick, en réalité : le militant Greenpeace, offensif, intransigeant, et celui qui sait faire de la politique. Il ne peut pas gagner dans la radicalité contre Emmanuel Macron, en disant : "Je suis le sauveur suprême et tous les autres sont des traîtres." »

Le premier Yannick est ovationné, quelques semaines plus tard, sur la scène du Zénith de Paris, par 4 000 militants et sympathisants, en fin de campagne, pour ce qui est décrit comme le plus grand meeting de l'histoire de l'écologie politique. Deux heures avant son discours, pour régler les derniers détails techniques, Yannick Jadot s'époumonne : « Grosse patate ! Grosse patate ! » L'entrain est effectivement perceptible. Il a proposé la transition écologique et son million d'emplois créés grâce à elle, l'ISF climatique, la légalisation du cannabis, l'État au service du peuple, et rappelé que l'écologie est le meilleur moyen de lutter contre les inégalités. Il a tancé la France d'Emmanuel Macron, celle de l'inaction climatique et des lobbies. Noël Mamère, Dominique Voynet, Eva Joly étaient de la partie. Mais il était trop tard… 4,5 % en guise d'épilogue.

On a quitté Denis Pingaud là-dessus. « Ce ne fut pas une campagne déshonorante, mais ce fut une campagne d'un classicisme ennuyeux. » De toute façon, le communicant était déjà passé à autre chose : « Plus on sera forts au premier tour, plus l'écologie sera forte dans la recomposition de la gauche pour l'après. On sera en mesure d'en être la cheville ouvrière. Être le plus forts possible pour devenir l'axe central de la gauche. Ou alors cette vocation des Verts à être toujours un peu ailleurs. »

Après ça, Yannick Jadot a disparu. Il n'a pas pris la peine de discuter de la note de Denis Pingaud. Pas son genre de se demander s'il a mal fait ou bien fait. Jusqu'au bout, ce fut un rendez-vous gâché. Denis Pingaud n'en revient toujours pas : « Il n'y a même pas eu un "Allez les copains, on va se faire une bouffe pour finir sur une note un peu sympa." Rien. » Yannick Jadot ne congédia jamais son contentement de soi.

3

Francois Hollande s'était préparé

Philae a une vie de chien très enviable. Elle vaque dans un vaste appartement du troisième étage de la rue de Rivoli, transformé en cabinet de travail au mobilier choisi, au cœur du Paris historique. Un pied-à-terre professionnel doté d'une vue imprenable sur le jardin des Tuileries avec la Seine en contrebas et la tour Eiffel sur la droite. Sa journée de labrador consiste à se prélasser aux pieds de personnalités politiques invitées en catimini, d'ambassadeurs en goguette, d'experts et de chefs d'entreprise de tout poil, de jeunes hauts fonctionnaires bourrés d'avenir. Tous viennent rendre des visites solennelles à son maître, l'ancien président de la République, François Hollande. Mais, pour tout dire, depuis qu'elle a quitté l'Élysée, en 2017, Philae s'embête un peu beaucoup.

Son maître, aussi. Depuis 2017, depuis qu'il a décidé de ne pas se représenter et de laisser le champ libre à Emmanuel Macron, son horizon s'empourpre des derniers feux d'un soleil disparu. Le 4 septembre 2021, Anne Hidalgo vient le visiter avec les mêmes attentes que les autres. Profiter d'une analyse hautement précise et toujours impeccable de la situation politique du pays, glaner une poignée de conseils et se délecter de quelques bons mots sur ses contemporains.

Ce samedi 4 septembre, François Hollande trouve l'idée de la maire de Paris formidable : « Anne, tu sais que c'est à Rouen que je suis né ? » Elle est en train d'exposer, quasiment en exclusivité, les modalités et le choix du lieu de la grande déclaration de sa candidature à l'élection présidentielle, dans quelques jours, le dimanche 12 septembre. François Hollande se rengorge tandis que la maire de Paris sourit. De ce sourire lent, doux et enveloppant, qui donne parfois l'impression qu'elle y a glissé une fleur avec des épines : « Je sais, François, fait Anne Hidalgo, mais bon… Je ne suis pas sûre d'en parler dans mon discours. » Ce n'est pas une réponse très sympathique, mais Anne Hidalgo n'est pas là pour être sympathique. Elle est là pour devenir la première femme présidente de la République française. François Hollande sourit de son air débonnaire qui ne le quitte que rarement, mais il est vexé.

Leur relation est complexe. En janvier 2017, elle qualifiait le quinquennat de son interlocuteur d'« immense gâchis ». Lui, estime que le désir national de son hôte ressemble à la fois à un pari insensé et à une aubaine car cette candidature, forcément mort-née, pourrait provoquer le chaos et... Après tout, pourquoi pas... Non, chut ! Laissons faire les choses. Pour l'instant, il paraît toujours paisible, mais il accumule des petits paquets d'amertume et les raisons du désastre de la campagne à venir. Il y croit encore, il y croira toujours. Les faubourgs d'une campagne présidentielle attirent François Hollande comme les lueurs d'un feu de joie. Une envie indestructible.

Fin novembre 2021, Philae remue la queue, elle voit bien que son maître est content. Le Baron noir vient de sonner à la porte. Tout devient soudain beaucoup plus palpitant. Le Baron noir, c'est Julien Dray, l'ancien député socialiste, le fondateur de SOS Racisme en 1984, l'un des acteurs de la réélection de François Mitterrand en 1988, le précepteur politique d'Emmanuel Macron quand l'ancien banquier n'était que jeune conseiller élyséen. Une vie de Baron noir, à la lisière des pouvoirs, qui a inspiré une série politique à succès du même nom. Hollande et Dray se connaissent par cœur depuis quarante ans. Ils se sont fâchés, rabibochés, ils ont réussi ensemble un nombre incalculable de coups politiques. Julien Dray le boudait depuis des mois, pour un différend dont ils ont tous les deux oublié l'objet. Le plus important, c'est qu'ils n'ont besoin que d'un regard pour savoir si une tentative peut présenter un certain intérêt.

« Alors ? Comment tu vois les choses ? » demande François Hollande.

« Pourquoi pas… », répond Julien Dray.

« Oui. Je me pose la question. Mais à ton avis, quelles sont les conditions ? »

« Il peut y avoir l'espace, mais il faut donner un sens politique à ta candidature. »

Philae ne dit rien, mais elle est emballée. Sans doute est-elle une amatrice de Jean Yanne qui a dit un jour : « Il faut commencer à se méfier le jour où l'on a plus de souvenirs que de projets. »

Tout début décembre, François Hollande reçoit dans son nouveau chez-lui, une petite maison de ville dans le 14e arrondissement parisien, juste avant la porte d'Orléans. Une grande table de cuisine, trois bricoles à grignoter, rien de protocolaire, une ambiance familiale, une conversation à bâtons rompus, Hollande n'est pas en représentation. Dray est là avec deux vieux amis qui ont répondu tout de suite à son appel : « J'ai besoin de vous pour filer un coup de main à François. » Benoît Devarrieux est un publicitaire iconoclaste, et Christian Michel, un expert en stratégie et communication politique. Il était aux côtés de Jacques Séguéla et Gérard Colé lors de la campagne de François Mitterrand en 1981.

« Comment vous voyez les choses ? »

Comme cette petite bande n'est pas née de la dernière pluie politique, elle sait que la candidature d'Anne Hidalgo est déjà un fiasco et prédit qu'elle aura du mal à la poursuivre. Elle ne pourra pas prendre la gauche en otage bien longtemps. L'hypothèse d'une candidature de substitution s'impose. Et François Hollande y croit d'autant plus qu'il achève la tournée promotionnelle de son dernier livre, *Affronter*. Il a parcouru la France, il en revient ravi. Mais le passage à l'acte, c'est une autre histoire. En 2012, François Hollande a profité des mésaventures de Dominique Strauss-Kahn pour se faufiler jusqu'à l'Élysée. Il a gagné une fois à l'Euromillions, pourquoi pas deux ? Christian Michel n'aime rien tant que ces défis impossibles. « C'est difficile, gonflé, insensé, avec une prise de risque maximale. Donc, c'est idéal. » Tout le monde est d'accord.

Ils passent cette première soirée à chercher l'espace. Des macronistes de gauche peuvent être récupérés, et aussi les écolos qui veulent gagner, et ceux pour qui Mélenchon ne sera jamais un vote utile. La lucidité affleure : compliqué de viser le deuxième tour… Mais créer un choc pour ne pas voir mourir le PS avant de le reprendre. Christian Michel et Julien Dray posent les conditions de la réussite. « On ne peut pas y aller en disant : « Pendant mon quinquennat, J'ai tout fait bien. » Il faut vider l'abcès… Reconnaître des erreurs. » Dray abonde : « Tu dois faire une campagne de courage. Il n'y a rien à perdre à y aller. Tu n'es pas n'importe qui… Tu peux plier le truc en deux émissions de télé. »

On se quitte avec des plans plein les têtes. François Hollande ne dit ni « oui », ni « non ». Mais il laisse faire. Pour l'instant, son désir, il l'emmène au creux de son ombre. Il aimerait être le nouvel Arsène Lupin de la politique. Son secret restera tellement dissimulé que même Michel Sapin ou Stéphane Le Foll, ses plus proches amis politiques, ne seront pas dans le dispositif.

Rue de Rivoli, dans le bureau de François Hollande, s'ébroue une seconde équipe. Qui ne connaît pas encore l'existence de la première. François Hollande aime compartimenter. Une poignée de jeunes énarques, d'anciens membres des cabinets ministériels du précédent quinquennat. Des têtes plus conventionnelles que celles de Dray, Michel et compagnie. Qui oscillent entre fan-club hollandais – certains surnomment l'ex-président « Captain America, le super-héros qui peut sauver la France » – et principe de réalité autodécrété : qui d'autre que lui comme candidat crédible, depuis qu'Anne Hidalgo veut doubler le salaire des profs et qu'elle n'est pas, selon eux, très sérieuse ? Qui depuis que Bernard Cazeneuve se terre ?

La seconde équipe fournit des notes d'analyse pour enrichir un socle programmatique très social-démocrate. On travaille l'incarnation d'un ex-président qui prendra de la hauteur, loin des politicailleries. Un programme est plus qu'ébauché : la baisse des déficits, du chômage. Créer des richesses pour pouvoir les redistribuer… Pour piloter l'équipe d'une trentaine d'experts qui doit lui permettre d'être prêt au cas où,

Maxime Boutron. 38 ans, haut-fonctionnaire, ancien du cabinet de Michel Sapin à Bercy. Il parle beaucoup, vite et clair. Ils sont au garde à vous. En vingt-quatre heures, ils peuvent lancer la campagne. Boutron dit à Monsieur le Président, au nom de tous les siens : « Vous n'avez qu'à appuyer sur le bouton. On est là. »

Mercredi 8 décembre. Un moment brûlant. François Hollande déjeune à Lille avec Martine Aubry qui reçoit un coup de fil. Elle n'en revient pas. « Mais qu'est-ce qui lui a pris ? » Anne Hidalgo vient de se dérouter de La Rochelle pour s'inviter sur le plateau du 20 heures de TF1 et appeler à une primaire de la gauche. Devant la maire de Lille, François Hollande se pince les lèvres pour ne pas sourire. Foncer, maintenant que tout semble s'éclaircir.

Le 21 décembre, l'ex-Président opère la jonction des deux équipes. Une douzaine de personnes qui se découvrent rue de Rivoli. Les jeunes énarques sont hypnotisés par le bagout et les dix idées à la minute du Baron noir. On accélère encore. Deux réunions par semaine. L'ordre du jour est invariable. D'abord, l'examen de la situation à gauche, qui aboutit toujours à la même conclusion : l'heure est grave. On est décontractés. Des discussions sur canapé ou autour de la grande table. Dray est agacé. On ne travaille pas en mangeant. Hollande raconte qu'il a vu Hidalgo il y a deux jours. Il la sent mûre pour tomber de son arbre. L'équipe Dray se concentre sur la stratégie politique et la com'. Laisser prospérer l'évidence d'une candidature de recours, mais sans qu'il en soit l'initiateur. L'équation est complexe. La seconde équipe réfléchit à la logistique, au positionnement de l'ancien président et aux propositions qui pourront impacter la campagne. Tout se mélange. On agrège des propositions testées auprès de la société d'analyses statistiques Happydemics. Comme ces 50 000 euros octroyés aux Français(es) qui fêtent leurs 18 ans pour bien débuter dans la vie, une vieille lubie de Dray.

On guette l'actualité pour rendre François Hollande incontournable. Le déroulé du film est prometteur. Anne Hidalgo est embourbée sous les 5 % d'intentions de vote. En privé, François Hollande est formel : « Ça va tourner au supplice. » La candidature inexplicable de Christiane Taubira rajoute à la confusion. Il pense que c'est lui qui peut remporter cette guerre d'usure à distance où les deux femmes vont finir par se détruire l'une l'autre. Laissons prospérer la catastrophe.

Il y a des réunions entre Noël et le Jour de l'an. François Hollande poursuit son habitude, il n'exprime jamais de souhait définitif, mais personne ne s'en inquiète. Il se satisfait de ce que les autres y pensent encore plus fort que lui. Il affiche une assurance affable en leur confiant des missions suicides qui les mèneraient droit à la crucifixion si cela venait à se savoir. Maxime Boutron rassure ses équipes : « Il veut y aller pour de bonnes raisons, pour réhabiliter la gauche, mais les sentiments de loyauté et de responsabilité existent. Il attend une fenêtre de tir. Ne vous inquiétez pas. Sa volonté paraît tellement évidente qu'il n'est pas nécessaire de tester continuellement son for intérieur. » François Hollande émet d'ailleurs une interdiction inviolable : il ne tolérera aucune manœuvre susceptible d'accélérer le retrait d'Anne Hidalgo. Il ne veut pas donner l'impression de s'emballer. Il veut plutôt exprimer une envie sous-jacente et raisonnable.

Tout reste encore secret. Le 4 janvier, on déjeune avec Julien Dray à La Bourgogne, un bistrot à l'ancienne, un coin tranquille, places des Vosges. Il évente, un peu, le plan d'attaque. C'est plus fort que lui, il a des plans plein la tête, des intuitions qui débordent, des visions lui traversent le cerveau comme des fusées. Ses taupes lui disent qu'Anne Hidalgo va bientôt être débranchée. Les taupes de François Hollande lui disent la même chose. Il n'y aura qu'à se baisser pour rafler la mise. « François va y aller. Il n'a rien à perdre pour l'après. Objectivement, il a un espace pour lui. Viavoice a sorti un sondage : 64 % de l'électorat de gauche est paumé… Mal à l'aise avec le macronisme, en butte avec Mélenchon… » On l'avait regardé, ahuri. « Mais si, vous verrez… En plus, l'actualité internationale va se poser. On est au seuil d'une guerre en Ukraine, la stature du prochain président face à Poutine comptera. François est un homme d'État. » Hollande candidat, avec une guerre en Ukraine en plus… On avait ricané sous cape… Décidément, le Baron noir vieillit à toute vitesse.

Le dimanche 23 janvier, interrogé par des lycéens dans un reportage diffusé sur France 3, François Hollande laisse planer un doute majuscule : « Pour l'instant, je ne suis pas candidat. » Cette intervention n'a pas été préparée, son équipe est d'autant plus aux anges. Les deux mots placés avant la virgule sont évidemment essentiels. Il a ajouté, pour insuffler juste ce qu'il faut de doute : « Comme ça ne va pas bien, c'est vrai qu'on pourrait se dire : “Est-ce qu'une candidature de plus serait utile ?” Je ne sais pas, je ne pense pas d'ailleurs. »

« François Hollande a beaucoup d'humour », commente Anne Hidalgo le lendemain. Il est si sérieux que cette fois, il prépare un grand coup dans la plus grande concertation avec sa double équipe. Le 31 janvier, il donne une conférence dans le grand amphithéâtre de Sciences Po Paris. Une occasion décisive réglée au millimètre. Ce ne sera pas une déclaration en bonne et due forme, mais une expression forte, une phrase, significative, qui doit générer un teasing sur les réseaux sociaux et embraser l'affaire. Prendre de la hauteur sans se dévoiler complètement, mais entretenir plus qu'une ambiguïté.

La tirade n'est pas préparée au mot près, François Hollande sait improviser en fonction de l'ambiance du moment. Karim Ziabat, 28 ans, élu à Cergy, ancien stagiaire à l'Élysée, exhume une vidéo d'un ancien discours tranchant au Parlement européen : « Vous devez faire pareil, Monsieur le Président. Le même souffle. Ferme et vindicatif. » La réunion de préparation s'achève, tout le monde est exalté, des étoiles plein les yeux.

Dray au téléphone : « C'est le moment décisif. Fais-toi accréditer. Débrouille-toi. » Rien à faire, la presse ne sera pas conviée. Rue de Rivoli, c'est la fébrilité fiévreuse de Cap Canaveral. Mais gros incident sur le pas de tir. Catastrophe industrielle. Désillusion stratosphérique. François Hollande se dérobe. Au dernier moment, il ne l'a pas senti. Il dit simplement : « Oui, bien sûr, un ancien président peut être à nouveau candidat ! »

L'attente d'événements favorables l'emporte encore sur sa volonté d'agir. Dray est fumasse. « De toute façon, c'était foiré d'avance. Il ne fallait pas que ce soit fermé à la presse. Là, ça devient compliqué. J'ai du mal à comprendre ce qu'il veut en fait. Il hésite à mort. Il attend que la situation pourrisse. Il y a trois mois, personne n'en parlait. Aujourd'hui, ça chuchote de partout. Je m'évertue à lui dire qu'un chemin énorme a été parcouru. » Dray prévient la bande : « François Mitterrand disait de Jacques Delors – qui ne sera pas candidat à l'élection présidentielle en 1995 –, il veut être élu sans faire campagne. Mais ça n'existe pas. » Hollande rétorque : « Je ne veux pas aller contre Hidalgo, ni contre mon parti. »

Hollande n'avait pas prévu d'être confronté à la championne du monde des coriaces. Anne Hidalgo martèle qu'elle ira jusqu'au bout, il aurait été moins difficile de déraciner un arbre à mains nues. François

Hollande est déconcerté. Rationnel, il ne comprend pas l'acharnement de celle qui paraît l'être beaucoup moins.

Son sourire est toujours aussi débonnaire, mais ses interventions de plus en plus labyrinthiques. Va-et-vient nocif entre le chaud et le froid. Il pose beaucoup de questions pour montrer qu'il s'en pose encore plus.

Dray veut tout bousculer, obliger son copain à s'extirper de sa zone de confort. Plus Dray le brusque, plus Hollande a tendance à s'éloigner de quelques pas : « J'ai toujours une équation personnelle mais une candidature n'est jamais une aventure solitaire ou individuelle. Rien ne peut s'improviser, tout doit reposer sur une longue réflexion très en amont. L'idée du surgissement est une illusion. Quel avantage pour moi et pour la gauche ? Une présidentielle suppose de lever une espérance, pas de faire de la figuration. »

Les réunions sont moins enlevées. Hollande et Dray commencent à diverger, ils entament un dialogue de sourds. Il y a des frottements dans l'équipe. Julien Dray trépigne, tiraillé par sa formation trotskyste et mouvementiste : « Si tu ne bouges pas, il ne se passera rien. C'est l'annonce de ta candidature qui scellera la fin d'Hidalgo. Tu dois passer en force. Ta candidature créerait un tel choc. »

« Si Anne ne cède pas la place, je n'irai pas. Si elle doit se retirer, c'est que le PS lui demande. À ce moment-là, je ferai ce que j'aurai à faire. »

« Tu prends n'importe quel prétexte pour ne pas y aller. »

« Je ne veux pas lui faire un mauvais coup. Je ne veux pas être déloyal. Je ne peux pas être candidat contre le PS, contre mon propre parti, contre Anne Hidalgo. »

Dray fait du tam-tam, il essaye de créer les conditions idoines pour scalper la candidature d'Hidalgo. Le 1er février, sur la place de la Bastille, il rencontre Pierre Jouvet et Luc Broussy, de la direction du PS. Il leur propose qu'une délégation du parti rende visite à François Hollande pour solder le cas Hidalgo. « Elle est nulle. Vous le savez. » « C'est plus compliqué que ça. » « Vous n'osez pas tirer. Votre main tremble. » Ils regardent le Baron noir avec de grands yeux. Ils ne savent pas qu'à quinze pâtés de maisons, une petite armée hollandaise est en marche.

Dray revient devant Hollande, il tente une dernière fois.

« Il faut que quelqu'un de son entourage la prenne entre quatre yeux pour lui dire : “On a fait le job… Mais sois lucide…” » Dray pense à Patrick Mennucci, l'ancien député des Bouches-du-Rhône qui a l'oreille d'Anne Hidalgo. « Ou alors appelle Faure ! »

« Écoute, Julien. Cette manière n'est pas conforme. Olivier Faure ne m'a jamais fait appeler. Je ne veux pas qu'on puisse dire que je voulais la débrancher. Je n'appellerai pas Faure. Mais si Patrick Mennucci arrive à convaincre Anne de se retirer… »

Le 10 février, Anne Hidalgo s'apprête à s'envoler pour les Antilles. Elle sourit franchement quand on lui parle du plan de moins en moins secret de l'ex-président. Elle est sur le point de récolter ses 500 parrainages, elle sait que c'est terminé pour lui : « François Hollande n'a jamais été un sujet. »

Mardi 15 février, un dernier déjeuner, une cérémonie de clôture, rue de Rivoli. Tout le monde est là. Sauf Julien Dray, chafouin. Vinaigre, même. François Hollande qui se déballonne, il le sentait venir, mais il a du mal à s'y résoudre. Il est vraiment furax : « En prenant un temps invraisemblable à se décider, il s'est piégé lui-même. François a fait tout ça pour son ego personnel. Pour montrer qu'il n'est pas un has been. C'était mon dernier gage de loyauté vis-à-vis de lui. » La nouvelle brouille devrait durer un certain temps. Dray envoie un SMS assez définitif à l'ex-président qui le restera. « Deux mois que je travaille comme un fou. Tout Paris bruisse de ça. Et tu attends les pantoufles… Maintenant, tu vas vivre comme un rentier. »

Autour de la table, François Hollande conclut : « Bon… C'est assez clair, maintenant. Les conditions ne sont pas réunies. » Il a l'air soulagé, pas franchement rongé par la frustration. Car il n'est pas vraiment question que cette aventure ait une fin. « Le Parti socialiste, c'est mon histoire. Je ne me suis pas engagé toute ma vie pour regarder des morceaux éparpillés. » Tous ont promis de se revoir. « Ce fut une aventure envoûtante, un exercice grandeur nature qui servira pour le coup d'après, indique Karim Ziabat. Pour faire un Épinay du XXIe siècle. »

Hollande, « Le comte de Monte-Cristo de la gauche », aura le temps de relire les derniers mots du roman d'Alexandre Dumas : « Attendre et espérer. » On l'interroge sur cet épisode caché, sur ces deux mois de camouflage. « Au-delà d'une envie toujours latente, je suis lucide. Je ne veux pas donner l'impression d'avoir joué. Ni de m'être emballé. La direction du PS a anéanti toutes les chances d'une candidature quelle que soit la personnalité désignée. Il voulait s'effacer. Elle choisit Hidalgo pour gagner un petit congrès, pas une présidentielle. Pour ce qui me concerne je n'ai pas eu à renoncer car je n'ai jamais décidé d'y aller. C'était trop tard. » Maintenant, le Paris politique bruisse de sa candidature aux prochaines élections législatives. Philae est en pleine forme. Son maître aussi : « Philae est à côté de moi. Je vous la passe ? »

4

L'intermède cacophonique de la candidature de Christiane Taubira

Il fait chaud dans les jardins du Palais-Royal, à Paris, début juillet 2021. La terrasse du Grand Véfour, table longtemps étoilée au Guide Michelin, est prise d'assaut. « Chez les radicaux, c'est une tradition, on aime bien manger en parlant politique. » Guillaume Lacroix n'est pas ventripotent pour autant et le président du Parti radical de gauche, le plus ancien parti de France encore en activité, n'est pas le plus connu des dirigeants politiques. Dès qu'on tombe sur Guillaume Lacroix dans un média, ce qui n'est pas si fréquent, on se dit : « Ah oui ! Tiens ! C'est vrai, les radicaux existent toujours. » Mais, en politique comme au cinéma, les seconds rôles sont indispensables. Des acteurs précieux qui reviennent de films en films, dont on ne connaît pas toujours le nom, mais dont la présence est rassurante, ils font partie du décor.

Guillaume Lacroix est un indicateur très fiable pour mesurer les soubresauts à gauche. N'étant candidat à rien, tout le monde lui parle en confiance : « J'ai vu Anne Hidalgo au printemps, j'ai parlé une partie de l'été avec Julien Bayou, je suis en relation constante avec Olivier Faure… Il n'y a qu'avec Jean-Luc Mélenchon que je ne parle pas. » Cela viendra ; beaucoup plus vite qu'il ne le croit. Et à tous ces interlocuteurs, « je me tue à leur dire qu'il faut se rassembler, imaginer un accord de gouvernement. Je suis consterné que la gauche soit aussi divisée et incapable de parler ensemble aux Français ». Il a des visions qui se réalisent. « On est partis pour une course en sac où tout le monde va finir par se casser la gueule. Il faut arrêter de parler de soi, de son nombril. Si on réfléchit uniquement en chapelles, si la seule question est de savoir qui sera le grand chef, on va à l'échec. Et on l'aura mérité ! » Il est très énervé. « Un an et demi que je propose une primaire de la gauche. Tout le monde se fout de ma gueule. La désunion, c'est une maladie infantile de la gauche. »

En fin de conversation, pour essayer de trouver une solution, on lâche le nom d'une figure de la gauche qui pourrait mettre tout le monde d'accord et assouvir le fantasme de l'union de la gauche. Une ancienne membre du Parti radical de surcroît, candidate à l'élection présidentielle en 2002, qui, en d'autres temps, concourra à l'émiettement mortifère des candidatures à gauche, empêchant Lionel Jospin d'accéder au second tour. Et qui, depuis, a dû apprendre la leçon. Une ancienne ministre de la Justice de François Hollande qui fit adopter le mariage pour tous. Une pasionaria morale et incorruptible retirée de la vie politique depuis cinq ans mais qui, malgré tout, semble disposer d'un crédit illimité auprès d'électeurs de gauche en quête désespérée d'un recours iconique et lumineux. Et Christiane Taubira, alors ? Guillaume Lacroix cille à peine en faisant mine de balayer l'hypothèse d'un revers d'une main occupée à finir ses encornets. « On l'a contactée il y a un an. Elle est ravie qu'on la sollicite, elle est attentive à la situation depuis la Guyane. Elle dit qu'elle y a réfléchi. Mais je ne la sens pas… Ça devient trop compliqué. On n'a plus le temps. »

En réalité, c'est tout le contraire. Il suffit de quelques semaines pour la tirer de sa retraite guyanaise. Mais elle ne revient pas chaussée de gros sabots, elle cultive plutôt l'art délicat de la discrétion et du sous-entendu. Le 17 décembre, elle diffuse, sur Facebook, une courte vidéo assez ambiguë dans laquelle elle « envisage » de se présenter à l'élection présidentielle. Pendant plusieurs semaines, elle ne va pas cesser d'« envisager ». Ça devient même un gag dans le microcosme : « Taub-ira ou ira pas ? » Elle sème un tas de petits cailloux, implicites puis de plus en plus explicites, sur le chemin de plus en plus probable de sa candidature. Elle use d'un savoir-faire de la répétition qui la replace, par intermittence, au centre des débats à gauche. Elle étire le suspense jusqu'à la lassitude. Christiane Taubira fait du Taubira : elle dit souvent des choses très poétiques, mais, quelquefois, ce n'est pas très clair, elle entretient des grands flous. « Personne ne sait. À part elle », aimait nous répéter Guillaume Lacroix, à cette époque.

En attendant, une petite équipe dévouée est dépêchée en quatrième vitesse et en catimini pour activer les 90 000 militants des collectifs Taubira 2022 qui essaiment un peu partout en France. S'ajoute une grosse centaine de contributeurs thématiques aux patronymes confidentiels. Mais c'est tout sauf une machine de guerre. Qu'importe. Christiane Taubira semble habitée de la même euphorie qu'Anne Hidalgo au moment de l'annonce de sa candidature. La certitude que c'est son heure.

C'est Christian Paul, un ancien député frondeur du PS, qui est chargé de piloter cette masse imprécise de soutiens fantomatiques et de légitimer la candidature de sa championne. Le pari paraît insensé à quatre mois, seulement, de la grande échéance. Il y a un mystère à déflorer : est-ce une vraie candidature en approche ? Une feinte subtile pour pousser la gauche à se rassembler ? Un caprice de diva politique qui a une volonté farouche d'exister ?

On avait une petite idée. Quand on demande à Christian Paul si ce n'est pas un ego irrépressible guidé par un tempérament messianique exagéré qui pousse Christiane Taubira à s'ajouter à la longue liste des candidats de gauche, il secoue la tête : « Mais pas du tout ! Elle n'est pas descendue du ciel pour soigner les écrouelles. »

Pour Christian Paul, qui n'est pas un hurluberlu politique mais un ancien député raisonné et méthodique, la clé de compréhension est beaucoup plus simple. « Sa décision ne doit rien au hasard. Après deux ans de Covid et cinq ans de macronisme, les Français sont fatigués. Christiane Taubira peut être l'antidote contre cette démoralisation. » Christian Paul a peaufiné ses analyses sur la déstructuration de la gauche, ses projections sur un « moment Taubira » et ses schémas d'un prototype révolutionnaire de conquête. Il est persuadé que l'ancienne garde des Sceaux détient la recette du mystérieux cocktail présidentiel : son statut singulier, sa non-appartenance à des partis politiques qui ne sont de toute façon plus à la page, et une véritable stature de femme d'État.

Demeure un souci, plus prosaïque, il y a déjà foule sur la ligne de départ : Anne Hidalgo, Yannick Jadot, Jean-Luc Mélenchon, Fabien Roussel… Leur pré-campagne baigne dans la torpeur en bas des sondages, mais est-ce bien raisonnable d'ajouter une candidature de plus ? Comment voulez-vous que ce qui reste du peuple de gauche se retrouve dans ce capharnaüm ? Elle a intérêt à créer la sensation.

C'est l'idée. La faire débouler fin décembre telle une météorite, déclencher un électrochoc médiatique, créer la fameuse dynamique tellurique qui fera boum ! dans les sondages et contraindra tout naturellement les autres à se rallier mécaniquement à son panache. Pour espérer ne pas s'évaporer comme la rosée, il faut faire vite et fort. Fomenter une Blitzkrieg. Soulever les foules et sa candidature se faufilera avec la rage d'un torrent d'hiver.

Christian Paul est catégorique. « Pour obtenir nos parrainages, il n'y aura pas de problèmes. » Pour financer la campagne ? « Pas de problème » Pour le projet présidentiel ? « Il y a de nombreuses initiatives en provenance des syndicats, des mouvements citoyens, qui ont élaboré des plates-formes de mesures. On ne va pas se priver de s'en inspirer. Christiane Taubira veut convaincre sur des marqueurs, quelques mesures fortes. On veut que le projet soit compris. Si vous assommez les gens avec une littérature politique technocratique… » Certes, mais si on connaît la militante fervente des droits de l'homme, on connaît moins ses idées en matière économique ou sociale.

Dernier atout de taille, Christian Paul et Guillaume Lacroix sont persuadés d'avoir trouvé la martingale pour propulser la candidature Taubira et sauver la gauche : elle sera légitimée, adoubée par la « primaire populaire ». C'est là qu'entre en scène un autre personnage insolite : Samuel Grzybowski. Un jeune homme plein de bon sens, même s'il est un peu utopique. Ce militant associatif rêve d'un(e) candidat(e) unique à gauche à l'élection présidentielle de 2022 pour avoir une chance de l'emporter.

Lui et son mouvement citoyen, la fameuse « primaire populaire », se sont creusé la tête pour mettre en place un système de vote infaillible, ouvert à tous, chargé de désigner celle ou celui qui sera le plus à même de rassembler la gauche. Une innovation démocratique radicale, venue tout droit des États-Unis, objet politique un peu obscur dont surgira la grande lumière de la victoire. On vous fait grâce des détails d'un processus long et subtil. Il faut simplement retenir que les principaux candidats de gauche à la présidentielle participent, malgré eux, à cette course de petits chevaux.

Ils ne sont pas vraiment enchantés de cette contrainte. Sur France Inter, le 3 janvier, Jean-Luc Mélenchon évacue cette nouvelle attraction en une gifle aller-retour : « J'ai appelé à l'union il y a deux ans. On m'a dit non. Je ne suis pas rancunier, mais il faut respecter la démocratie. La primaire populaire ne réglera rien. Je n'irai pas, ce n'est pas sérieux. » Yannick Jadot, qui a déjà gagné la primaire des écologistes, compare la primaire populaire à la secte du « Temple solaire ». Anne Hidalgo, lors de l'officialisation de son programme, le jeudi 13 janvier, décoche une flèche qui ne semble destinée qu'à l'ancienne garde des Sceaux qui marche sur ses plates-bandes : « Je ne crois pas à la femme ou à l'homme providentiel. En général, ça finit mal. »

Pour Christian Paul, l'arme secrète de son plan stratosphérique est irrésistible. Une fois remportée la primaire populaire, Christiane Taubira, « qui a une personnalité hors du commun, un style différent, une manière différente de regarder le pays et une capacité de dialogue différente, bénéficiera d'un mouvement d'opinion suffisamment important pour créer un désir d'union et balayer les dernières résistances ». Devant nous, Christian Paul fait un serment. Si Christiane Taubira perd la primaire, « elle ne sera pas candidate, c'est évident », assure-t-il. Elle ne veut pas être « une candidate de plus ». Si elle la remporte ? « Je réfute la thèse de la candidate de plus. On verra très vite si la stratégie était la bonne. Si sa candidature aura imprimé. » Dans le cas contraire ? Il baisse la tête : « On appréciera la situation. » Pour ceux qui parlent le « Taubira », cela pourrait signifier qu'elle n'insistera pas, mais ce n'est pas tout à fait sûr non plus.

Christiane Taubira franchit finalement le pas, le samedi 15 janvier, en grande pompe, sur les hauteurs de la colline de la Croix-Rousse à Lyon, lieu symbolique de la révolte des Canuts en 1848, réprimés pour avoir réclamé l'autonomie ouvrière, rébellion anti-esclavagiste, de surcroît. Guillaume Lacroix fait plaisir à voir, hilare, surchauffé d'optimisme malgré le froid polaire qui accompagne la déclaration de candidature de sa championne. Il est convaincu qu'elle va casser la baraque.

Quinze jours plus tard, le 30 janvier, Christiane Taubira est investie, sans surprise, par la primaire populaire et ses 467 000 inscrits. Sans surprise, cela laisse de marbre les autres candidats de gauche.

Ils s'en donnent plutôt à cœur joie. Jean-Luc Mélenchon sur France 5 : « Elle a enfilé la chaussure qui a été préparée pour elle, je ne suis pas concerné, c'est leur affaire. » Il ajoute en avoir « un peu marre des appels téléphoniques où on me prend pour une bille », en référence à un récent coup de fil de l'ex-candidat Arnaud Montebourg qui est également en quête d'union avant de jeter l'éponge. Interrogé par TF1 sur ce qu'il avait à dire à la gagnante, Yannick Jadot répond : « Rien. »

« Comment je fais pour créer l'union, si je suis désignée ? Vous verrez ! » Elle promet d'appeler chaque candidat pour les convaincre du rassemblement derrière elle. Elle s'y attelle dès le lendemain mais ses efforts sont minimes. Le candidat Insoumis répond par un SMS : « J'ai un souvenir attristé de nos contacts précédents. Je t'avais crue quand tu regrettais le nombre de candidatures. Tu y rajoutes dorénavant la tienne. Mais je n'en veux qu'à ma confiance. » Par le même canal, Anne Hidalgo se fend d'un : « Une candidature de plus. » Le directeur de campagne du communiste Fabien Roussel, Ian Brossat, refuse toute idée de rassemblement sur Twitter : « Moins de lyrisme, plus de concret et d'humilité. Mon candidat : Fabien Roussel. » Yannick Jadot est plus loquace : « Oui, Christiane Taubira m'a appelé. Elle m'a demandé comment j'allais... Tout ça... Mais jamais elle n'a osé me faire une proposition. Jamais ! »

Pour elle, il ne s'est jamais produit grand-chose. L'euphorie a vécu. Après, ce n'est qu'une longue cacophonie déroutante. Elle ne sera pourtant jamais avare de contre-pieds artistico-politiques. Elle peut planter un olivier dans une ferme bio au fin fond de l'Ariège devant une nuée de caméras qui avaient consenti au déplacement. Surprendre son public en entonnant a capella « Ma France » de Jean Ferrat, communiste éternel, pour conclure un meeting endiablé. Et affirmer juste après : « Faire des discours, enflammer un public, je vous mentirais si je vous disais que je n'aimais pas ça. » Finir par proposer un face-à-face à Éric Zemmour, après avoir longtemps repoussé une idée qui semblait lui faire horreur. Rien n'y fait. Cette candidature supplémentaire ne cessera de pâlir.

En fait, derrière la figure tutélaire qui fait, parfois, le buzz, il y a des courants d'air. Elle bute sur un principe de réalité incompressible. Sa petite équipe de campagne est vraiment trop bricolée, son programme trop évanescent, ses interventions médiatiques trop approximatives. Le clou du spectacle a lieu devant la Fondation Abbé-Pierre, le mercredi 2 février. Ce jour-là, Christiane Taubira fête son anniversaire, elle a 70 ans. Elle est l'invitée, avec d'autres candidats à l'élection présidentielle, de la Fondation pour passer un grand oral sur le mal-logement. Mais ce n'est pas exactement un cadeau. Au Palais des Congrès, à Paris, elle subit ce moment que redoute tout candidat, le bug létal qui peut tout faire basculer. Interrogée sur un point technique portant sur le RSA, elle paraît tellement hésitante, tellement désemparée sur la réponse à apporter que la scène pourrait figurer en bonne place dans l'anthologie de l'embarras.

De la promesse initiale de la candidature tardive de Christiane Taubira, il ne reste rien. Elle devait tout clarifier en rassemblant la gauche au terme de sa victoire à la primaire populaire, puis en tordant les volontés conjuguées d'Anne Hidalgo et de Yannick Jadot. Deux mois ont passé, elle plonge avec une inlassable régularité dans les sondages, peine à récolter ses 500 parrainages. Mais ne manifeste aucun désir de se retirer. Christian Paul avait juré, croix de bois, croix de fer, qu'en cas de surplace dans les sondages et d'impact introuvable, elle n'insisterait pas. Pour ne surtout pas être une candidate de plus, de trop, à gauche. Il ne tient pas sa parole. Au bout du compte, elle n'aura ajouté que de la confusion à la division.

*

Christiane Taubira fut tellement déroutante… Le lundi 14 février, le Parti radical de gauche estime même qu'elle est devenue trop difficile à suivre. Guillaume Lacroix annonce que son parti se met « en retrait » de la campagne. Coup fatal. Il devait lui apporter un écot conséquent de parrainages, mais il ne digère pas un épisode décisif qui a mal tourné, une semaine auparavant.

Dimanche 6 février au soir, à Romainville, en Seine-Saint-Denis, près de Paris, il est présent à une réunion secrète. Son absolue discrétion devant garantir sa réussite. François Dechy, maire de Romainville issu de la société civile, est la force invitante. Il est l'un des initiateurs du « serment de Romainville » qui rassemble, depuis plusieurs mois, une centaine d'élus « écologistes, de gauche et humanistes ». Ils ont fait le « serment » de « n'accorder [leurs] parrainages que lorsque les conditions du rassemblement auront été réunies ». Le serment de Romainville s'appuie sur le socle programmatique commun élaboré pour la primaire populaire. Christiane Taubira et Yannick Jadot ne seront pas présents, mais sont d'accord pour envoyer leurs émissaires.

En plus de Guillaume Lacroix et de François Dechy, il y a cinq autres convives autour de la table. Axel Urgin, membre du Parti socialiste (PS), mais rallié à Christiane Taubira ; Élie Patrigeon, ex-membre du cabinet ministériel de l'ancienne garde des Sceaux et cheville ouvrière de l'équipe de campagne de la candidate. Pour représenter Yannick Jadot : Julien Bayou, secrétaire national d'Europe

Écologie-Les Verts (EELV) et Mounir Satouri, le directeur de campagne.

En s'attablant, Guillaume Lacroix, éternel gourmet, n'est pas très content : en guise d'apéritif dînatoire, il y a un vague plateau de charcuterie et de fromages industriels à partager. Après tout ce chemin en grande banlieue, un dimanche soir d'hiver… Mais cette contrariété n'est pas grand-chose avant l'incroyable discussion qui s'engage.

François Dechy : « Au “serment”, on a réfléchi. Les conditions d'une tentative de fusion entre les candidatures de Yannick Jadot et de Christiane Taubira en vue du premier tour semblent réunies. Pour bien faire, on ne voit que deux solutions. Soit Yannick se retire au profit de Christiane, qui l'installe à Matignon. Soit Christiane se retire au profit de Yannick. Mais Christiane, Première ministre, ce n'est pas crédible. Alors, elle pourrait se voir confier la présidence d'une assemblée constituante. »

Julien Bayou : « Vous pouvez faire une croix sur la première option, Yannick ne se retirera jamais. En revanche, ça tombe bien, on veut proposer une constituante dans notre programme. »

Guillaume Lacroix sent le piège, les deux scénarii évoqués lui sont totalement inconnus et lui paraissent absurdes : « On n'est pas venus pour dire que Yannick doit se retirer… Ni Christiane, évidemment. » Le patron du PRG est persuadé que c'est une réunion pour rien, qui a vocation à fuiter pour miner un peu plus la candidature de Taubira.

Lacroix expédie dès lors les affaires courantes. Après une visite du conseil municipal de la mairie de Romainville, il est chez lui à 22 h 30.

Il n'y aura pas d'autres réunions. Dès le lendemain, une source bien informée nous appelle pour tout nous raconter. Pour Guillaume Lacroix, c'est la goutte d'eau qu'il ne met jamais dans son verre de vin rouge. Nous sommes attablés dans un restaurant, au pied de la Bourse du commerce. « Cette soirée, ce fut n'importe quoi. Une délirante impasse politique. Le mieux aurait été qu'elle n'existe jamais. Le lendemain, quand ça se retrouve dans le journal, je comprends que c'est mort pour Christiane. Le ridicule ne tue pas, mais quand même... On cherche à savoir qui est la taupe qui a balancé, on ne sait pas d'où ça vient, la confiance est rompue avec les Verts... »

Christiane Taubira a voulu maîtriser jusqu'au bout son destin politique en anticipant l'implacable verdict mathématique. Mercredi 2 mars, deux jours avant la clôture du dépôt des parrainages, avec seulement 181 signatures d'élus validées sur les 500 exigées par le Conseil constitutionnel, elle organise une conférence de presse pour annoncer qu'elle n'est plus candidate à l'élection présidentielle. Un défi impossible, deux mois de campagne comme une bulle de savon, une opération politique éphémère qui louche vers le péché d'orgueil. Mais, jusqu'au bout, elle donnera des leçons à la terre entière :

elle vilipende une « gauche inaudible » et l'obsolescence de partis « boudés par leurs militants, délaissés par leur électorat et qui n'ont plus que leur capacité de nuisance ». Elle est repartie aussi vite qu'elle était venue.

5

La campagne parfaite de Jean-Luc Mélenchon ?

Dans les bambous du Gâtinais

C'est une maison rustique près de Montargis (Loiret), dans le Gâtinais. La puissance du wifi devra être sérieusement augmentée s'il compte y passer plus de temps à l'avenir. Dans le jardin, il y a un grand bosquet de bambous. Quand il est là, il adore arracher les racines traçantes. C'est moins du jardinage au sécateur qu'un vrai travail de force. Le week-end du 19 août 2021, dans sa maison de campagne, Jean-Luc Mélenchon fête ses 70 ans. Après le déjeuner d'anniversaire, lui et Bernard Pignerol se lèvent pour aller se promener dans le jardin. Ils peuvent tout se dire, ils trouvent toujours les mots qu'il faut, ils militent ensemble depuis quarante ans, la loyauté n'est plus une question. Selon Pignerol, tout cela ne mérite rien. À part un compagnonnage fidèle, ininterrompu, et une reconnaissance implicite. Il est son conseiller spécial qui fait des choses spéciales. Il gère, par exemple, les dossiers judiciaires de la France insoumise. Bernard Pignerol est conseiller d'État. Il fait en sorte de circonscrire les fuites médiatiques.

Bernard Pignerol appelle Mélenchon « Pharaon », puisque, implicitement, Pignerol est le scribe de Mélenchon. Le scribe dirige, depuis 2020, l'institut La Boétie, un laboratoire d'idées affilié à La France insoumise dont Jean-Luc Mélenchon prendra la présidence quand il en aura envie. Ce n'est pas du tout d'actualité. Jean-Luc Mélenchon a plutôt le sourire du type immortel, il va entamer sa troisième campagne présidentielle. Il se sent d'humeur légère. Le nez en l'air, à essayer de sentir le vent portant des combats futurs. Il est d'une énergie à toute épreuve. Cette élection sera la bonne, il en est persuadé. De toute façon, il ne peut pas penser autrement. 19,58 % au premier tour de la présidentielle de 2017. Il n'a manqué que 600 000 voix, sept par bureau de vote. L'essentiel, pense-t-il, c'est qu'il reste le patron de la gauche qui fera le trou. Qui d'autre ? Il a ses certitudes, le PS s'est perdu dans sa vacuité sociale-démocrate, les Verts ne sont pas mûrs.

Jean-Luc Mélenchon marche souvent avec Bernard Pignerol dans les jardins et les bois comme, jadis, François Mitterrand au Champ-de-Mars avec Georges-Marc Benamou, un journaliste séduisant devenu son confident. Jean-Luc Mélenchon est le fils de Mitterrand et de Pierre Lambert. Il voue une admiration sans limites à l'ancien Président, et une gratitude éternelle de maître à élève envers l'un des principaux dirigeants du mouvement trotskiste international. Le fils d'un Président et d'un champion de l'entrisme politique.

À la fin des années 1990, dans son bureau élyséen, Mitterrand avait reçu les inséparables Mélenchon et Julien Dray qui avaient œuvré à sa réélection en 1988. Les deux ambitieux voulaient redynamiser l'aile très à gauche du PS, ils venaient chercher une bénédiction. Mitterrand leur avait souri : « Vous êtes le sel de la Terre. » C'était pour signifier que, contrairement à d'autres – la guerre entre Lionel Jospin et Laurent Fabius faisait alors rage –, les deux jeunes hommes se préoccupaient davantage de combat, de conviction militante que de la tambouille frelatée du parti. Jean-Luc Mélenchon ne l'a jamais oublié.

La maison de Jean-Luc Mélenchon est un sanctuaire. Peu y sont invités. Dans le salon, il y a deux photos. Une de François Mitterrand, et une de Jean-Marie Tjibaou, le Kanak indépendantiste de Nouvelle-Calédonie, assassiné le 4 mai 1989. Quand il était ministre délégué à l'Enseignement professionnel de Lionel Jospin, entre 2000 et 2002, la célébration de son anniversaire était l'occasion d'un événement festif de rentrée. Des dizaines d'invités. Depuis, il a changé ses habitudes, il jure ne pas aimer le phénomène de cour, mais quand il fait de la politique, il aime que les gens soient aux ordres. Les vrais amis ne sont plus si nombreux, il a dû renoncer à beaucoup, la politique lui a pris tout son temps. Il y a des soirs où il n'a personne avec qui dîner. Cette année, à la campagne, ils sont cinq autour de lui. Sophia Chikirou, Mathilde Panot, Younous Omarjee, Christian Rodriguez et Bernard Pignerol.

C'est un week-end intime, pas une réunion d'état-major secret. Pas non plus un rendez-vous politique. Mais on parle politique. À part la politique, il n'y a pas grand-chose à dire. François Mitterrand s'invite souvent dans la conversation, davantage que Jean-Marie Tjibaou. Il y a cette croyance qui les lie tous : Jean-Luc Mélenchon peut devenir le prochain président de la République. C'est un moment propice et essentiel de la campagne qui s'annonce. Jean-Luc Mélenchon lève ses derniers doutes sur ce qu'il devra faire les six prochains mois qui ne seront pas de tout repos.

Sophia Chikirou est la femme la plus proche du leader Insoumis. Elle est sa confidente et sa directrice de campagne. Elle est sa mascotte et son danger. Selon Mediapart, durant la campagne de 2017, elle pourrait avoir fomenté des activités nauséabondes qui lui auraient permis de se payer personnellement sur les comptes de campagnes de LFI. Les enquêtes sont en cours. Quand il s'agit de Sophia Chikirou, Jean-Luc Mélenchon n'est jamais très objectif.

Younous Omarjee est député européen de La Réunion. Il a le ton posé, la silhouette de Fred Astaire, les cheveux très noirs et les dents encore plus blanches. Il est le seul à vouvoyer Mélenchon qui le comprend :

« Tu es comme moi quand j'étais avec Mitterrand. J'étais incapable de le tutoyer. » Il a connu Mélenchon très jeune quand il était l'assistant parlementaire du sénateur Paul Vergès. Omarjee est un électron singulier qui sautille sur les rouages du mouvement Insoumis sans jamais s'y enferrer. Il préfère les discussions intellectuelles avec Jean-Luc Mélenchon. C'est lui qui a sensibilisé le candidat à la question de la biodiversité et de la mer, des thèmes qui intéressaient moyennement Mélenchon. Il lui a fallu du temps pour le convaincre. En 2012, les deux hommes sont juchés sur une passerelle entre deux bâtiments du Parlement européen et Younous Omarjee lui parle d'un autre concept : la créolisation, concept théorisé par le poète Édouard Glissant. Il consacre l'idée universaliste de l'enrichissement et du métissage de cultures différentes amenées à vivre ensemble. « C'est quelque chose que vous devriez regarder de près. Pour répondre à l'inquiétude identitaire. Sur ce thème, la gauche est insignifiante. C'est de notre responsabilité. » « Tout ça, c'est n'importe quoi. » Omarjee n'ose plus lui en reparler. Jusqu'à ce week-end. Il sent que les conditions sont réunies. « Figure-toi que j'ai lu Glissant entre-temps. Je pense qu'on peut apporter une solution pacifique au risque de déchirement identitaire. Ce sera la mienne en tout cas. » La créolisation jalonnera toute la campagne et nourrira un pan récurrent de la conflictualité qu'il affectionne. La veille au soir, Younous Omarjee voulait cuisiner un plat créole, mais Jean-Luc Mélenchon a dit « non », il n'aime pas les plats en sauce. Il a préparé du thon.

Christian Rodriguez est franco-chilien, ancien réfugié argentin aussi. Il travaille avec Jean-Luc Mélenchon depuis 1982. Il l'a suivi du PS au Parti de gauche, du Parti de gauche à LFI. Il est une sorte de référent pour les questions internationales. Il n'est jamais très loin pour que Jean-Luc Mélenchon se sente bien. Une sorte de chef de cabinet, aussi. Durant cette campagne il était chargé de rassembler des intellectuels, des personnalités politiques et culturelles importantes d'Amérique latine. Mélenchon adore quand il parle en espagnol.

Il y a Mathilde Panot. La députée et vice-présidente du groupe LFI à l'Assemblée nationale. La préférée ? Les autres se demandent ce qu'elle fait là. Mais personne n'ose poser la question. Visiblement, ça ne se fait pas, Mélenchon a ses raisons. Manuel Bompard et Adrien Quatennens n'étaient pas disponibles.

Dans le jardin, Jean-Luc Mélenchon et Bernard Pignerol font le grand tour du bosquet de bambous. Ils traversent des clairières ensoleillées. Ils entrevoient le scénario idéal. Pour abaisser le ticket d'entrée au second tour, ne pas laisser le Rassemblement national prospérer et Les Républicains se refaire une santé, ce serait bien qu'un troisième candidat, inédit, jaillisse entre les deux.

Alors, Bernard Pignerol se charge d'une autre chose spéciale : il sonde les ambitions de l'ex-chef d'état-major des armées Pierre de Villiers, le frère de Philippe. Pignerol a rencontré de Villiers au début des années 2000, ils étaient dans la même promotion à l'Institut des hautes études de Défense nationale (IHEDN). Ils prendront quelques petits-déjeuners au cours des années suivantes. Ils se croisent dans le métro début 2021. Pierre de Villiers vient de sortir un livre, *Servir*, des rumeurs courent sur une éventuelle candidature. Pignerol est cash : « Il faut que tu sois président de la République. » De Villiers : « Jamais. La politique rend fou. » Ce ne sera pas lui, ce sera Éric Zemmour qui surgira bientôt dans le paysage. Un scénario en remplace un autre.

Ils traversent aussi des coins plus sombres, plus hostiles, des coins perdus. L'Insoumis fait toujours peur à une partie de la gauche. Pour les socialistes, il est un accident de l'Histoire. Une radicalité malfaisante et empêchante. Sa personnalité hérisse. Selon les tenants d'une « gauche raisonnable », il est l'obstacle majeur à la conquête du pouvoir suprême. Ça l'agace quand il le lit dans la presse. Il compare ces critiques définitives au déterminisme politique d'un milieu petit-bourgeois, ce que serait devenu le PS.

Le 16 octobre 2018, la séquence désastreuse des perquisitions dans l'affaire des comptes de campagne de 2017 est un accident industriel. Mélenchon qui tambourine sur la porte du siège de son parti devant un représentant de la loi impassible qui l'empêche d'entrer pendant que la justice fait son travail… « La République, c'est moi ! », avec Pignerol au premier rang prêt à faire le coup de poing. Trois secondes de hurlements tous les soirs au générique de « Quotidien », l'émission d'*infotainment* la plus regardée en France, n'arrangent rien au désastre.

Mélenchon et Pignerol en portent la plus grosse part de responsabilité. Les nerfs qui lâchent en première page. Image indépassable. Mélenchon est condamné à trois mois de prison avec sursis pour intimidation et rébellion. Les Insoumis pensaient être soutenus par la CGT, la Ligue des droits de l'homme… Il s'est retrouvé tout seul. Les sondeurs s'en donnent à cœur joie : rupture dans l'opinion, décrochage brutal, plongée abyssale. Mélenchon dévalué, populiste de gauche, wokiste, islamo-gauchiste. L'égotiste illuminé prêt à tout pour apporter sa goutte d'eau au grand fleuve de l'humanité. Autocrate, provocateur, vaniteux, psychologiquement instable. Le sourire noir d'un soi-disant père Noël, plus détesté que Marine Le Pen qui aime les chats et se refait une virginité médiatique. Il ne tient qu'à un fil, il doit tomber en poussière.

Tout n'est pas perdu, mais ils savent qu'on peut mettre cinq années de boulot à terre en cinq minutes. Rétablir l'équilibre à condition de se glisser dans une image sereine, acceptable. Selon les « palpeurs » de Pignerol, Mélenchon est apprécié tel un instituteur intransigeant, fouettard, mais sage. « Il faut que tu retrouves ton incarnation de grand-père de la nation. » Victor Hugo n'est jamais très loin de Jean-Luc Mélenchon. Il le cite à tout bout de champ. Il faudra reconquérir les classes moyennes supérieures, urbaines, choquées par la séquence. Et éviter les dérapages. Il faudra rassembler sans commettre d'erreurs. Sans le poids de gestes et de paroles inutiles. Changer ? S'arrondir ? S'adoucir ? On n'a pas le temps de jouer vingt-cinq rôles dans la vie.

Le leader Insoumis ne relève pas la remarque de son ami. Il écoute, mais on ne sait jamais s'il est d'accord. Il laisse les idées cheminer, son silence se perd au milieu des arbres. Oui, raréfier sa parole pour lui donner plus de poids. Rester radical, mais redevenir crédible.

Mélenchon ne dit rien mais il sait s'adapter quand il le faut. Il n'est pas toujours l'incarnation incorruptible d'une pensée systémique. En 1992, le tenant de l'aile gauche du PS s'était distingué par un soutien sans détour au « oui » pour le traité de Maastricht. Changer leur fusil d'épaule, les deux compères savent faire, c'est juste une question de stratégie. Ils ont vécu au PS pendant trente ans. Mélenchon fut longtemps sénateur, Pignerol dirigea la commission nationale des conflits du parti.

En 2008, il part fonder le Parti de gauche, se présente deux fois à l'élection présidentielle sur une ligne populiste assumée. Double échec. Pour briser l'impasse électorale, il s'agira d'épouser la posture mitterrandienne, de dire « oui mais » à l'Europe plutôt que de lui cracher à la figure, de mettre les références aux généraux Tapioca et autres régimes sud-américains « légèrement » dictatoriaux en sourdine. Pour devenir compatible et respectable. Ce n'est pas trop tard. Ils travaillent à l'après, quand il sera élu. Ses mesures sociales emblématiques seront mises en œuvre immédiatement. Sur le reste, il est lucide, il est conscient des marges de manœuvre à trouver une fois au pouvoir. Les compromis seront inévitables. Un remake de 1981. Sa radicalité et ses outrances sont des slogans. Il promet une assemblée constituante pour l'avènement d'une VIe République. Jean-Luc Mélenchon et Bernard Pignerol ont fait le tour de la question et du bosquet de bambous. Ils ont vu un trou de souris.

La marche fut vivifiante. Retour à la maison où tout le monde l'attend. Avec un sourire de bouddha alangui, Mélenchon dit : « En mars, on sera la gauche tout entière. »

À propos de la monotonie du papier à musique

Le 8 novembre 2021, Jean-Luc Mélenchon est l'invité du journal de 20 heures de TF1 pour une annonce que tout le monde connaît déjà. D'ailleurs, quelques jours plus tôt, au siège des Insoumis, l'affaire est expédiée en trente secondes, le temps d'une non-question. Le chef lui-même demande si quelqu'un veut être candidat à l'élection présidentielle. Personne ne répond. Voilà. Chez LFI, ce n'est pas sorcier, les décisions sont prises à l'unanimité… d'une voix. Au journal télévisé, il dit : « Je suis prêt. Mais je serai candidat définitivement, si et seulement si, j'ai recueilli 15 000 signatures de parrainages. À ce moment-là, je me sentirai investi par le peuple. » De l'enrobage pour indécis crédules. La France insoumise devient l'Union populaire le temps de la campagne. Et alors ? Son projet présidentiel, L'Avenir en commun, lorgne vers le Programme commun de la gauche dans les années 1970. Rien de bien neuf sous le soleil Insoumis. Le reste sera à l'avenant.

Depuis un moment déjà, tout est prévu, la campagne doit se dérouler comme du papier à musique calé au millimètre. Le 6 septembre, il y a une réunion de rentrée au siège LFI. Il n'y a que lui qui parle. « La première séquence est terminée. L'union populaire est sur les rails. On entame la deuxième période avec les investitures des autres qui se précisent. Le tableau politique se dégage. C'est sans doute Yannick Jadot qui va être élu [à la primaire populaire des écologistes]. Il est exactement sur le même créneau qu'Anne Hidalgo qui se déclare la semaine prochaine. Elle va falloir qu'elle se démerde pour expliquer qu'elle sera investie par un vote interne, mais qui ne pas certain d'avoir lieu… » Il est convaincu qu'il existe un trou de souris que les circonstances ne manqueront pas d'élargir. « Bref… Pour nous, à proportion du désordre que créent leurs gesticulations, il faut créer une structure de repères et d'ordre. » D'ordre. Il faut que les choses soient d'une clarté absolue sur ce point. La caporalisation d'un parti n'est pas toujours glorieuse.

Sans doute, mais diablement efficace quand il s'agit de prendre à bras-le-corps une campagne présidentielle, la raison sociale et existentielle du mouvement, son momentum. La France insoumise possède une réactivité inégalable, la puissance et la détermination d'un bulldozer. Pour décider, ils n'ont pas besoin de réunir vingt personnes qui vont contester et se mordre le bec pour essayer d'exister. Les enjeux de pouvoir sont nuls. Il suffit de mélanger la campagne de Yannick Jadot avec celle d'Anne Hidalgo et de reproduire l'exact contraire. Il a quinze longueurs d'avance sur des concurrents qui ne le seront pas longtemps.

Depuis 2017, les têtes d'affiche du parti sont devenues députés, ils ont désormais une idée du plan de bataille une fois au pouvoir. Quand Anne Hidalgo propose de doubler le salaire des enseignants, Mélenchon empoigne le pain bénit. « Cela coûterait 60 milliards la première année. Promettons ce qui est tenable… » Le programme est, prétendument, le cœur de l'affaire. Tout le programme, (presque) rien que le programme, pour éviter de mettre trop en vitrine les crispations liées à la personnalité d'un Jean-Luc Mélenchon clivant qui pourrait miner l'élan collectif. Il le sait : « Je suis comme je suis. Ce qui compte, c'est le programme. » Mais le remanier de fond en comble serait aussi utile que d'installer une glacière sur la banquise. La VIe République et la planification écologique. La hausse conséquente des minimas sociaux et la sortie de l'Otan. Tout cela est su et rabâché. Simplifier l'histoire au maximum, montrer qu'on est prêts à gouverner.

Reste Mélenchon. 69 ans. La volonté farouche d'y arriver, galvanisé à l'adrénaline des meetings, mais déjà deux campagnes présidentielles dans les pattes. Et un parti à porter à bout de bras. Ça use. La conscience de son âge. Ne pas l'épuiser. Tout le monde se demande s'il tiendra le coup. Privilégier des attaques ciblées. S'économiser pour conserver intacte son énergie. Après un déplacement exténuant dans les Alpes, Manuel Bompard briefe les équipes : « Les déplacements au bout du pays, ça ne produit rien et ça fatigue. Regardez Jadot qui fait dix déplacements par semaine… Pour trois papiers dans la presse quotidienne régionale… » Pas de déplacements exténuants, mais des conférences à gogo devant des publics conquis. ESCP Business School, IEP de Saint-Germain-en-Laye, Science Po Paris, Lille université, Sciences Po Rennes, École centrale de Nantes… En tournée partout en France pour séduire le maximum des 4 millions de primo-votants. Toute sa campagne rythmée par son organe de bateleur. Avant un discours, il mange des M&M's et des fraises Haribo. Après, il boit quelques canons. Puis, une petite visite d'Ephad par-ci, une visite d'entreprise par-là, un petit tour à la Maison des Polytechniciens, un autre sur le plateau de Cyril Hanouna…

Avec un journaliste, Jean-Luc Mélenchon peut avoir le regard aussi froid qu'une pierre tombale. Dans les émissions, il est attaqué sur les mêmes points que toujours, sur son programme désespérément utopique, mais à la dangerosité bien réelle, sur ses tirades poétiques bon marché, ses ambiguïtés avec la laïcité… Il négocie pied à pied le cahier des charges de ses invitations. Mediapart veut rediffuser les images des perquisitions pendant l'interview ? Il n'ira pas à Mediapart. France 2 l'invite dans sa grande émission ? Il impose l'absence de Nathalie Saint-Cricq, éditorialiste politique jugée hostile. Il se couche tard, il se lève tard et il est de mauvais poil le matin. Les matinales radio, très peu pour lui. Son équipe de campagne ne le pousse pas. Moins il parle, plus les risques de dérapage s'amenuisent. La campagne doit rester sous contrôle. Le candidat voit peu de journalistes en tête à tête, Manuel Bompard s'incruste à tous les points presse, il parle beaucoup, devant, pour qu'on ne fouille pas derrière. Pour épargner la campagne de la moindre polémique.

Les démonstrations de force se jouent ailleurs. Le 16 janvier, un meeting olfactif à Nantes. Le 5 avril, un multi meeting de 12 discours simultanés en hologramme. Des virtuosités frivoles ? Les gadgets communicationnels produisent un résultat politique et des effets sondagiers. Manuel Bompard se frotte les mains. Même les couacs passent inaperçus. Le 27 mars, sur les plages du Prado à Marseille, les Insoumis ont vu trop grand. Mélenchon est député sortant de la XXe circonscription, mais de visites fugaces en désintérêt flagrant, il n'a jamais investi son territoire. Il s'est fait détester de la gauche locale qui brille par son absence. L'espace est à moitié rempli.

On passe près de la catastrophe. Mais Sophia Chikirou sait organiser les images et placer les caméras à bon escient. Elle aurait pu faire carrière chez Staline. À Lille, même topo, alors on bloque les journalistes dans la salle de presse, le temps de redimensionner la salle. Que du feu.

Ils savent tous ce qu'ils ont à faire, ils savent comment s'y prendre. Écouter la parole évangélique du saint « coordinateur de l'équipe opérationnelle », Manuel Bompard : « Ce n'est pas compliqué, la stratégie est la suivante : un an avant le début de la campagne, il faut un temps fort par trimestre. À partir de janvier 2022, un temps fort par mois. À partir de mars, deux temps forts par mois. À partir d'avril, un temps fort par semaine. S'il y a des imprévus, on jongle, on s'adapte, mais on ne s'éloigne jamais de la trame principale. Du travail, de la concentration, de la sérénité. Quand on se regarde, on doit se dire "tout se passe bien". » Rompez.

L'orchestre insoumis entame l'exécution rodée, c'est sa troisième tournée, d'une partition archiconnue. Sophia Chikirou veille sur la communication, Adrien Quatennens sur LFI, Clémence Guetté sur le programme, Alexis Corbière règne sur les plateaux médiatiques. Des couacs internes ? Peut-être, mais ils sont inconnus au bataillon. Tout est verrouillé, rien de croustillant à se mettre sous la plume. C'est l'armée rouge. Des exécutants aussi obéissants que des engins téléguidés. Aussi raides que des soldats de plomb sur le grand plan de bataille. Une promenade militaire. Adrien Quatennens a imaginé qu'il serait l'unique porte-parole de la campagne. Alexis Corbière a pensé la même chose. Finalement, il n'y aura pas de porte-parole. Mais les rancœurs ne sont pas suffisamment graves pour que papa (Jean-Luc Mélenchon) et tonton (Bernard Pignerol) soient contraints de jouer les juges de paix. On se demande encore quel court-circuit aurait pu enrayer une mécanique politique presque écœurante.

Le film de la campagne passera en vitesse accélérée. Sans heurts. Inutile de s'y appesantir. Il n'y a pas beaucoup à dire sur la campagne de Jean-Luc Mélenchon finalement. Aura manqué le grain de folie. Une certaine fainéantise alimentée par la certitude que Yannick Jadot et Anne Hidalgo n'existeraient pas. Presque un ennui profond à force de programmation verrouillée à triple tour. Restent quelques flashes.

Le 23 septembre, le chef des Insoumis stagne à 11 % des intentions de vote, il n'est pas encore le vote utile. Il s'agit de prendre le premier risque de la campagne. Ses conseillers hésitent, pèsent longuement le pour et le contre. Faut-il débattre avec Éric Zemmour, le phénomène de ce début de campagne ? Younous Omarjee est inquiet, tente de trouver des arguments sur le bien-fondé de ce duel, il n'en trouve pas beaucoup. Détruire la théorie du grand remplacement sur l'air des lampions façon match de boxe ? Si Jean-Luc Mélenchon ne gagne pas par KO, ce sera une défaite. Il n'y a rien à y gagner. Didier Eribon se fâche : « Tu veux légitimer un fasciste ? » Il veut dégonfler la baudruche, on l'accusera d'alimenter le phénomène. Bernard Pignerol l'emporte. « Si personne ne débat avec Zemmour, il va continuer à avancer. Surtout qu'aucun journaliste n'a encore essayé de le mettre en difficulté. C'est un risque, oui, mais ça fait trois semaines qu'on n'est plus dans l'actualité. Tu es allé voir une vieille dame dans un Ephad, qui t'avait écrit, pour discuter de la fin de vie. Personne ne l'a repris. On ne parle de LFI que pour dire qu'il n'y aura pas d'alliance. On ne décolle pas beaucoup dans les sondages. Il y a un petit trou d'air. Il faut qu'on fasse quelque chose. »

Dans les moments les plus tendus, Mélenchon est toujours le plus calme. « J'y vais. Je veux lancer un signal de ralliement antiraciste de grande portée. » Le débat sur BFM devient un événement. 9 millions de Français en ont vu des passages. L'audience couvre les critiques. Mélenchon parle de créolisation face à un Zemmour goguenard : « Les êtres humains se rassemblent et forment quelque chose en commun. » Match nul, dans tous les sens du terme.

La campagne file. Il reste trois mois avant le premier tour de la présidentielle. L'irruption de Christiane Taubira inaugure le grand bazar de la gauche. Quand Anne Hidalgo et Yannick Jadot s'autorisent à fomenter des coups tactiques pour tuer la nouvelle voisine, Jean-Luc Mélenchon reste impassible : « Pfff. Ça va passer. » Il se dépeint en « tortue sagace », qui avance lentement mais sûrement vers la ligne d'arrivée. La gauche éparpillée se neutralise, il récupérera les voix de Christiane Taubira.

Le 24 février, Jean-Luc Mélenchon atterrit à la Réunion pour un de ses rares déplacements. L'invasion russe en Ukraine se déclare quand il est dans l'avion. C'est aussi le moment fatidique où la dynamique sondagière prend, enfin, de l'ampleur. À deux doigts du second tour. Il est passé à travers les flammes, il est devenu le vote utile. Des mois entiers sans fausse note, Mélenchon s'est tenu comme un grand garçon. Et voilà l'Ukraine. De La Réunion, il envoie, au petit matin, un communiqué de presse cristallin. « La Russie agresse l'Ukraine. Une initiative de pure violence. [...] Notre pensée et notre compassion se portent vers les populations victimes », écrit l'Insoumis, appelant à un « cessez-le-feu immédiat et [à] un retrait de toutes les troupes étrangères d'Ukraine ».

Mais voilà qu'on ressort illico sa complaisance passée à l'égard de Vladimir Poutine. Trois jours auparavant, au nom de sa diplomatie du non-alignement, il a renvoyé dos à dos Otan, États-Unis et Russie. « Les Russes n'ont pas à passer la frontière, et les États-Unis n'ont pas à annexer l'Ukraine dans l'Otan. » L'histoire ne parle pas pour lui. Sa position de « non-aligné » est ancienne. Le rôle du super méchant lui va comme un gant.

Alerte rouge chez les Insoumis. Risque de contamination élevé. Anne Hidalgo est tellement en difficulté à trois semaines du premier tour de l'élection présidentielle qu'elle semble dorénavant se concentrer sur un autre essentiel : Jean-Luc Mélenchon. Elle tape comme une sourde. « Je dis que Jean-Luc Mélenchon est complaisant avec les dictateurs, oui, et ça, je ne suis pas la seule à le dire. » « C'est un combat qui est très clair. C'est d'un côté une dictature et de l'autre côté des démocraties. Il n'y a pas de troisième voie. Il n'y a pas de non-alignement. » Mélenchon ne sort pas de ses gonds, il ne bouge même pas une oreille.

Soupeser le moindre mot, car tout sera récupéré par l'ennemi. Il réussit à s'affranchir des mauvais conseilleurs. Les plus jeunes de son clan, Mathilde Panot en tête, qui n'ont pas le même logiciel du matérialisme historique et des rapports de force internationaux. Mélenchon se rattrape aux branches : « Pour le non-aligné que je suis, il n'y a pas d'autre coupable que Vladimir Poutine. Il vient aussi de commettre un crime contre son pays, en plaçant la Russie dans une situation de rejet dont elle mettra un siècle à se remettre. » Zéro dérapage à déplorer, Mélenchon n'est pas parti dans le décor.

Pas de déprime

C'est le matin du premier tour de l'élection présidentielle. Jean-Luc Mélenchon a des sueurs froides, il appelle Guillaume Lacroix : « Les gens sont fous. Je veux faire péter le système et il vote pour moi. » Les premières remontées de résultats sont très bonnes.

Mélenchon se dit que cette fois, il va y être. Il n'a qu'une envie, prendre le train, rentrer chez lui, ou dans le ventre de sa mère. Flip abyssal. « Guillaume, il faut qu'on se voie demain, pour remettre du centre dans tout ça. » Guillaume Lacroix se dit que, finalement, contrairement à tout ce qu'on peut dire de lui, Jean-Luc Mélenchon est tout sauf fou, que le surgissement de cette panique est le signe, selon lui, d'une santé mentale tout à fait bonne.

À 17 heures, Jean-Luc Mélenchon et ses Insoumis sont assis au centre de la scène du Cirque d'Hiver où ils doivent passer la soirée électorale. D'autres informations ont filtré, on y croit un peu moins. À 19 heures, Mélenchon est dans la loge avec sa sœur et Younous Omarjee. Il y croit encore un tout petit peu.

20 heures. Ses soutiens le regardent comme le perdant magnifique, encore. Aucune erreur de campagne, mais la défaite, encore. Mélenchon fait son discours qui est bien meilleur que celui de 2017, mais on n'a pas pu s'empêcher de penser que cet exercice de virtuosité était devenu une fin en soi. « Je m'adresse à vous, non pour vous tenir les propos lénifiants de réconfort ou de bonne mine qu'il faudrait avoir. Je n'ai ni bonne mine, ni envie d'être réconforté. Je ne connais que mon devoir. La lutte continue. Nous disons à tous ceux qui n'ont pas voulu l'entendre : Ici est la force. Nous avons une stratégie, un programme. Les plus jeunes vont me dire : “On n'y est encore pas arrivés.” Faites mieux. »

Les jeunes soutiens de Mélenchon sont écœurés, c'est eux qui hurlent : « Mélenchon président ! Roussel à la poubelle ! » Ils l'ont pointée, l'erreur politique fondamentale du grand leader qui a tout fait capoter. Mais dont la responsabilité est rejetée sur le premier secrétaire du Parti communiste français. Il n'a pas voulu s'allier avec les Insoumis. 2,3 %, les voix qui manqueront pour accéder au second tour. Mélenchon est indécrottable. Il faut toujours qu'il se fâche avec quelqu'un. Les Insoumis lui ont proposé, à plusieurs reprises, un accord politique. Les communistes ont dit non à chaque fois. Fabien Roussel et le PCF sont à la recherche d'une identité sur les ruines du communisme. Ils construisent pour la présidentielle une offre « communiste gauloise ». Le député du Nord ne l'oubliera plus dans ses prières laïques.

En 2002, quand Lionel Jospin avait perdu, Mélenchon était tombé en profonde déprime. Il avait arpenté les rues de Paris pendant des heures en guise d'antidote. Il avait disparu pendant des semaines, ne répondait plus au téléphone. Vingt ans plus tard, aucun abattement. Les scores sont serrés, on recompte les voix. Moment de flottement. Mélenchon part se coucher : « Si ça bouge, vous me tenez au courant. » Clap de fin ?

Les jours qui ont fait la Nupes

20 mai 2021 – La possibilité d'un lac

On vient de quitter Jean-Luc Mélenchon à la fin de la campagne présidentielle de 2022. On le retrouve un an plus tôt, dans son bureau de député. C'est le point de départ de l'histoire de la Nupes. C'est sur les bords du lac Titicaca qu'est née la Nouvelle union populaire, écologique et sociale. La Nupes. Acronyme à la sonorité protéiforme prononcée Nupsse ou bien Nup', à la rigueur. Précisons que le lac Titicaca, à la résonance unique et rigolote, fige un tronçon de frontière d'eau douce entre le Pérou et la Bolivie. Il est le plus vaste lac d'altitude au monde, 3 812 mètres, et se situe à 10 051 kilomètres du siège administratif de La France insoumise (LFI), passage Dubail, dans le 10e arrondissement de Paris. Là où se jouera, bientôt, un moment rare pour la gauche française. Rien n'était plus inattendu que la Nupes. Alors, il fallait sans doute emprunter ce long détour sud-américain, très exotique et bien perché, pour imaginer, de nouveau, un rassemblement de la gauche digne de ce nom. Celui-ci laisse franchement à désirer question esthétisme, de l'avis même de son principal initiateur, artisan, animateur et bonimenteur, Jean-Luc Mélenchon. Mais les soucis sémantiques ne sont évidemment pas l'essentiel.

L'idée originelle Nupes est née sur la rive des eaux apaisantes et particulièrement réfléchissantes, phénomène dû à l'altitude, du lac Titicaca, Bruno Bernard en est intimement persuadé. Cette personnalité de second plan, aux initiales avenantes, a tout à fait raison. D'ailleurs, il est l'un des deux protagonistes décisifs de la genèse de cette folle histoire. En attendant, il ne fait pas trop le malin quand il pénètre, ce jeudi 20 mai 2021, dans le bureau, à l'Assemblée nationale, de Jean-Luc Mélenchon. C'est la première fois qu'il le rencontre. Les deux hommes sont encore très loin de l'élection présidentielle. Celui qui est encore député des Bouches-du-Rhône va bientôt entamer sa troisième campagne pour le poste suprême, il a beaucoup à faire. Le regard du leader maximo des Insoumis est aussi rassurant que celui d'une assistante dentaire.

Jean-Luc Mélenchon peut être assez insoucieux de son interlocuteur. Ce n'est pas souvent qu'il veut bien se donner la peine d'être charmant. Surtout quand celui-ci est précédé d'un nom aussi insignifiant. C'est vrai ça… Bruno Bernard… Qui c'est celui-là ? Mélenchon passe un coup de fil à Julien Bayou, le patron du parti vert. « Ton gars, c'est le canal officiel ?

Je peux le recevoir ? Tu es sûr qu'il ne veut pas juste faire son intéressant en disant chez vous : "J'ai vu Mélenchon" ? » « Ne t'inquiète pas. Reçois-le. » Sauf que Mélenchon ne fait qu'à demi confiance à Bayou qu'il suspecte de vouloir continuellement coincer les Insoumis dès qu'il en a l'occasion. Des écolos, il en a un peu par-dessus la tête. Il y avait un moment où ils se parlaient avec Yannick Jadot. Ça se passait plutôt bien. Et puis, plus rien. C'est un peu cavalier. Malgré tout, devant sa garde rapprochée, il dit : « Les copains, il faut garder les canaux ouverts, on se prépare au cas où, mais on ne va pas se laisser piéger par leurs salades. » Il accepte le rendez-vous.

Intéressons-nous un instant à Bruno Bernard. Il est président de la métropole de Lyon, mais incarne, aussi, l'un de ces seconds rôles truculents qui pullulent au sein de ce scénario improbable. Bruno Bernard est grand, mince, il a un visage passe-partout, pas beaucoup de menton, des cheveux très fins, et un air suffisamment serein pour donner l'impression de savoir arranger des affaires de la plus haute importance qui méritent la discrétion la plus intense. Il est écologiste, membre du parti Europe Écologie-Les Verts (EELV), un nom aussi encombrant que celui la Nupes, mais ce n'est toujours pas là l'essentiel. Quand il ne gère pas la métropole lyonnaise, la fonction principale de Bruno Bernard consiste à réfléchir à la manière dont son parti peut grandir et espérer un jour, pourquoi pas, diriger le pays. On n'en est pas là.

« Vous n'êtes quand même pas venu pour me parler de la métropole de Lyon… Si ? »

Comme la bouche de Jean-Luc Mélenchon emprunte son petit sourire narquois, celle de Bruno Bernard devient soudain un peu sèche. Il est temps de préciser que la fonction subalterne de Bruno Bernard consiste à essayer de faire émerger, dans la conscience collective des partis de gauche, la possibilité d'une alliance électorale pour les futures élections législatives. Pour ce faire, il n'est pas officiellement mandaté par la direction de son parti. Bruno Bernard est plutôt une sorte d'agent traitant sous-marinier qui rencontre les éventuels partenaires politiques de gauche, dont il prend confidentiellement la température.

Ces temps-ci, les éventuels partenaires à tester se font rares, Bruno Bernard n'a pas beaucoup de pain sur la planche. De plus, avec Jean-Luc Mélenchon, le diagnostic du thermomètre semble connu d'avance. Tout le monde sait pertinemment que cette possibilité d'union, Jean-Luc Mélenchon ne désire pas l'envisager un seul instant. Il participera coûte que coûte à sa troisième campagne. Et puis, il apprécie tellement peu de regarder ce feuilleton indigeste des divisions de la gauche. Il a aussi un fantasme totalement morbide : il ne rêve de rien d'autre que de tuer le PS. Mais bon… Bruno Bernard fait le job, comme on dit, en prenant rendez-vous avec Jean-Luc Mélenchon.

Il faut dire aussi que, depuis 2017, les relations entre La France insoumise et le reste de la gauche sont sérieusement entartrées, pour ne pas dire réduites à une hygiène plus que douteuse. En 2017, après sa défaite au premier tour de l'élection présidentielle, l'Insoumis était tellement déçu, tellement amer, qu'il avait fermé d'un coup sec toutes les portes sur tous les doigts de tous les partis de gauche qui avaient essayé péniblement de trouver un accord pour les élections législatives.

Et puis, aujourd'hui, Mélenchon est de très mauvais poil. La veille de l'entrevue qui nous intéresse présentement, une manifestation de soutien aux policiers a eu lieu devant le Palais Bourbon. Les syndicats des forces de l'ordre ne sont généralement pas issus de l'aile gauche de la CGT… Olivier Faure et Yannick Jadot y ont participé. Mélenchon s'emporte, ils n'ont jamais aussi bien porté le qualificatif de sociaux-traîtres… Bruno Bernard ne cille pas. De toute façon, en son for intérieur, il est d'accord. Faure et Jadot vont avoir du mal à se remettre de cette sacrée boulette. Jean-Luc Mélenchon vient aussi de se fâcher avec Fabien Roussel, le secrétaire général du Parti communiste français. Ces points laissent toute tentative de conciliation assez hasardeuse. Bref. Bruno Bernard n'est pas tombé le bon jour, on semblait être parvenu à un point de non-retour entre deux ou même trois gauches irréconciliables.

Alors, dans la conversation entre l'écologiste et l'Insoumis, il y a comme des trous. Jean-Luc Mélenchon lève même le ton, maintenant. Il revient sur ce 17 avril 2021, quand Yannick Jadot avait organisé une réunion des principaux chefs des partis de gauche. Le député européen avait choisi un jour où Mélenchon n'était pas là. De toute façon, l'Insoumis en chef n'y serait pas allé. Il avait qualifié la tentative de « mauvais théâtre », de « petite comédie unitaire ». « L'union, mais sur quelle base ? Que faire des désaccords de fond ? Il faudrait tout flouter ? » Ça n'a débouché sur rien du tout, comme d'habitude. Deuxième sourire narquois devant Bruno Bernard : « Quelle mascarade… Heureusement que je n'étais pas à Paris, mais en Amérique du Sud. »

Tilt. Soudain, un voyant vert fluorescent se met à clignoter à vive allure dans le cerveau de Bruno Bernard. Effectivement, il y a un mois, Jean-Luc Mélenchon est revenu tout guilleret d'une mini-tournée en Amérique latine. Invité à la journée mondiale de la Terre au Parlement bolivien. Reçu en Équateur par le président du Parlement de la communauté andine, dans le cadre de la campagne mondiale menée en ce moment pour la licence libre sur les vaccins contre le Covid-19. Un déplacement qui a créé la polémique. Tous les opposants de Mélenchon n'ont pas manqué de souligner l'indécence d'une telle escapade en pleine crise sanitaire.

Sans rentrer dans les détails de la vie privée, il se trouve que Bruno Bernard a lui-même passé des vacances familiales en Bolivie dont il est revenu absolument enchanté. Il se jette sur l'occasion avec autant de convoitise qu'une armée de moustiques sur une peau de bébé. « Alors ? Hein ? Ce n'est pas magnifique le lac Titicaca ? » Les sentiers de randonnées parfumés sur l'île du soleil plantée au milieu du lac, le berceau de l'épopée inca, l'industrie piscicole animée par les truites du lac, etc. Des souvenirs très chouettes. Évidemment, dans le bureau, tout va tout d'un coup beaucoup mieux. Jean-Luc Mélenchon se sent vite plus détendu.

Bruno Bernard reprend des couleurs. Les deux hommes commencent à se parler sur des bases toutes nouvelles. Après s'être entretenus de la machinerie qui contrôle la température du lac, ils embrayent sur la politique et la conversation devient aussi radieuse que leur lac préféré. Bruno Bernard lui parle de réalisme politique, d'une chance inouïe de faire l'Histoire en rassemblant la gauche. Jean-Luc Mélenchon est soudain d'humeur câline, il élargit son sourire. En préambule, il assure à son interlocuteur qu'il ne remettra pas son mandat de député en jeu. Que maintenant, il a davantage envie de transmettre que de s'épuiser sur le devant de la scène.

Bruno Bernard finit par lui poser la question : « Seriez-vous ouvert à discuter avec nous et les autres partis dans l'optique des élections législatives ? » Jean-Luc Mélenchon répond que s'il s'agit de parler avec des types comme Bruno Bernard, il ne voit pas pourquoi il devrait être contre sur le principe. À aucun moment, évidemment, n'est évoquée l'idée d'un accord commun à signer dans la minute. Quelle importance ? C'est comme si une petite porte dérobée s'ouvrait brusquement sur un infini de perspectives. Il ne reste plus à Bruno Bernard qu'à colporter la bonne nouvelle un peu partout dans les contrées de gauche. Une diffusion déterminante pour la suite de l'histoire.

Dimanche 10 avril 2022

Il est 0 h 45. L'équipée sauvage – Pierre Jouvet, Luc Broussy et Sébastien Vincini – a enfin rejoint le siège du PS après ce malencontreux détour par Orly. Dans le bureau d'Oliver Faure, il y a ce dernier et sa garde rapprochée : Carlos Da Silva, son directeur de cabinet, Corinne Narrasiguin, sa numéro 2, Fatima Yadani, sa trésorière. Ainsi que Maxime des Gayets, élu régional d'Île-de-France et discret conseiller, comme Soraya Allam-Hernandez, Baptiste Maurin et Thibault Delahaye. Le PS vient de faire un pas de plus vers la nuit noire, il s'agit de mettre au point quelque chose de simple et d'efficace pour trouver le salut. De rapiécer à la va-vite un gilet de sauvetage, les heures qui viennent sont décisives pour la survie du parti.

Pierre Jouvet prend la parole. Il résume ce que tout le monde sait déjà, mais qui est toujours aussi douloureux à entendre : « Il n'y a pas à tortiller, on a trois options sur la table. Première option. Aux législatives, on y va tout seuls. On dit qu'on est la social-démocratie, la Gauche responsable, qu'on est plus forts que tout le monde… Bref, la rengaine habituelle… En bonus, on dit, comme Anne [Hidalgo] et

Carole [Delga], que Jean-Luc Mélenchon est une erreur de l'Histoire. » Il s'interrompt. En lui-même et ça le désole, il sait que c'est, hélas, l'option la plus réaliste. Avec les écologistes et les communistes, tous les contacts sont rompus. Il sait qu'ils ont déjà prévu de les lâcher pour discuter d'un accord électoral avec La France insoumise. Il sait aussi qu'il y a une toute petite chance sur mille, à peine une rognure d'espoir, que Jean-Luc Mélenchon accepte qu'ils entrent dans la danse. Mélenchon n'a qu'un rêve depuis 2008, depuis qu'il en est parti : tuer le PS.

« Deuxième option, les amis : on pousse la logique de notre culture de gouvernement jusqu'au bout. On appelle Emmanuel Macron. » C'est un « non ! » unanime et immédiat. Même Luc Broussy et sa fichue note s'écrasent, ils sentent bien qu'il n'y avait qu'eux pour penser une chose pareille.

« Troisième option : on va avec Mélenchon. Parce que c'est le nouveau patron de la gauche. Parce que le PS doit redevenir vraiment de gauche. Et qu'on n'a pas eu les c… de se convertir avant. Voilà. Je vous la fais courte, c'est Mélenchon ou le cimetière. » Silence. C'est comme si Jouvet avait posé un gros paquet de dynamite sur la table.

Tic-Jouvet et Tac-Vincini prennent Olivier Faure à part : « Tu dois appeler Mélenchon. Tu fais un premier pas, tu reconnais sa victoire. » Faure est dubitatif. Ils insistent. « C'est sans espoir ? Socialiste un jour, socialiste toujours ! »

Parce qu'en réalité, il y a autant de discussions que d'alternatives : zéro. Ou alors, autant jouer à la roulette russe. Tous les regards se tournent vers Olivier Faure. Le boss, celui qui tranche à la fin. Il n'aime pas trop quand ça part dans tous les sens. Olivier Faure est un type plutôt lent. Tous ses gestes sont lents. Même quand il perçoit une petite goutte de lumière, ses clignements de paupières peuvent prendre un temps infini. Au plus profond de la nuit, l'étincelle du jour ? Il tire un peu plus fort sur sa cigarette électronique.

Lundi 11 avril

Petit matin, petites mines au siège du PS. Les idées se remettent tout doucement en place, Olivier Faure refait les comptes. Il est penché sur la carte électorale des résultats définitifs. Il entoure deux chiffres. Dans tout le pays, Anne Hidalgo ne dépasse 3 % des voix que dans douze circonscriptions. Nulle part elle ne dépasse les 5 %. Vertigineux. Au bord de sa falaise, il réfléchit longuement à tout ça. Entre la vie, la mort… Il y a la peur. Olivier Faure n'est pas du genre à montrer qu'il est complètement largué et qu'il est en train de perdre les pédales, mais il est paniqué. Il sait qu'il n'a plus beaucoup de forces. C'est le moment de sa vie de premier secrétaire le plus décisif. Une triple obsession lui enflamme le cerveau. Dans l'ordre : sauver son siège de député, préserver un groupe socialiste à l'Assemblée nationale, conserver la direction du parti. Et pour réussir tout ça, il faut sauver le PS.

Il ne veut pas se soucier du reste. Et surtout pas de Carole Delga qui déboule au siège à 10 heures. Une rivale pas encore déclarée pour le prochain congrès du parti. Au PS, depuis toujours, il n'y a pas un coin où les gens font autre chose que de s'entre-tuer ou conclure des marchés, ce qui revient au même. Mais là, ce n'est plus rien d'autre qu'une question de vie ou de mort. C'est la première fois que la présidente d'Occitanie se rend à Ivry. « Ici, c'est loin de tout ». Olivier Faure a donné rendez-vous à 10 heures à ces socialistes quadras, cette équipe de France des maires qui devait casser la baraque durant la campagne, et aussi à quelques caciques du PS pour une réunion de crise informelle.

Carole Delga n'est pas au courant des trois options évoquées la veille, elle ne sait pas qu'Olivier Faure a décidé de pactiser et qu'il va prendre contact avec Jean-Luc Mélenchon. Elle est même tellement loin de cette idée qu'au premier tour des législatives, elle envisage de présenter un candidat socialiste face à chaque candidat Insoumis. Elle est la seule à se persuader que l'hypothèse Mélenchon est inenvisageable. La réunion ne débute pas très bien. « Il faut être clair vis-à-vis de Mélenchon lance-t-elle. Dire que jamais on ne reniera nos valeurs. C'est un mauvais moment à passer. Mais vu notre ancrage dans les territoires, le rapport de force avec Mélenchon nous est favorable. »

Etc. Dans une hâte claironnante, elle veut mobiliser le PS pour « reconstruire sur une ligne enfin claire qui ne sera jamais celle de l'extrême gauche ». Carole Delga a une obsession, qui n'est pas la même que celles d'Olivier Faure : sauver un maximum de candidats dans son Occitanie.

La salle est soudain inondée de silence. Autour de la table, des visages pétrifiés. Même Luc Broussy, qui a fini par brûler sa note pour effacer toute trace, imagine qu'elle plaisante. Elle a l'air tellement loin de la réalité. Olivier Faure lui demande : « Mais reconstruire quoi, au juste, Carole ? ». Le PS est un squelette. Olivier Faure est très clair : « On a choisi de tenter l'alliance avec Jean-Luc Mélenchon, les écolos et le PC. Ou le néant. Il faudra discuter. »

Carole Delga est électrisée comme après une retentissante paire de claques. Elle les toise comme s'ils étaient coupables des pires exactions sataniques. « Mais vous êtes fous… Je n'y crois pas… Vous êtes dans le sauve-qui-peut. Un accord avec ces populistes ? Vous êtes sérieux ? Vous allez renier toutes nos convictions pour essayer de sauver les meubles ? Ce sera sans moi. » Elle regarde Pierre Jouvet. « Même toi, Pierre ? Le plus macroniste de nous tous ? » Elle se lève avant la fin de la discussion. Elle prétexte un rendez-vous. Deux camps socialistes irréconciliables viennent de se cristalliser. Désormais, c'est la guerre.

Mercredi 13 avril : « Liquidons ceux qui ont trahi »

La haine. « Le PS ? Il doit ramper devant nous. Il doit boire le calice jusqu'à la lie. C'est simple. Il doit rendre gorge. » L'homme qui éructe au téléphone est Bernard Pignerol. On lui indiquait simplement qu'Olivier Faure allait sûrement essayer de joindre Jean-Luc Mélenchon et que celui-ci n'avait pas répondu. Il ricane, encore : « Le PS devra ramper. Et je ne suis même pas sûr que cela suffise pour qu'on leur tende un doigt. » Bernard Pignerol n'est pas censé dire n'importe quoi. Il est le plus ancien et le plus proche conseiller de Jean-Luc Mélenchon. Il militait aux côtés de Jean-Luc Mélenchon quand celui-ci finira par claquer la porte du PS en 2008. Depuis trop longtemps, Mélenchon était relié au parti par des élastiques usés. Lassé d'être réduit à animer la minorité, écœuré par les scores de congrès tripatouillés par François Hollande et Jean-Christophe Cambadélis pour l'humilier toujours un peu plus. À l'époque, dans les années 1990, il faisait équipe avec Julien « Baron noir » Dray au sein de la Gauche socialiste. Au PS, on les regardait de très loin et de très haut, on les surnommait « Gueule de raie et méchant con ». Une vieille blessure qui le lance encore. Depuis 2008, Jean-Luc Mélenchon ne pense que du mal du PS, « le seul zoo où les animaux se gardent entre eux, » aime-t-il répéter. En réalité, Mélenchon et Pignerol ont besoin de preuves d'amour. À la mesure de leurs blessures d'amour-propre encore à vif.

La rage. La rage de Bernard Pignerol : « Chez nous, les gens ont les glandes d'avoir été volés par ces espèces de vautours. Chez nous, voilà ce qu'il se dit : liquidons ceux qui ont trahi. Pas de rassemblement avec des gens qui nous insultent. Alors je les ai prévenus au PS : avant d'entamer, éventuellement, des discussions de marchands de tapis sur la répartition de circonscriptions, il faudra qu'ils s'excusent de nous avoir insultés. Mélenchon l'agent de Poutine… Mélenchon le dingue… Il faudra qu'ils rampent, et aussi qu'ils exfiltrent tous les agents droitiers qui subsistent. Les Anne Hidalgo, les Carole Delga, les Patrick Kanner… » Ça ne rigole pas du tout, même si la part d'intox n'est jamais négligeable. Être aussi vociférant avec un journaliste permet de faire passer des messages à qui de droit. Bernard Pignerol fait aussi passer des messages directement. À Jérôme Guedj, un ancien de la Gauche socialiste, il dit : « Tu diras à Olivier Faure qu'il devra purger son parti. »

Jeudi 14 avril

La France insoumise fait le premier pas. Ils envoient le même courrier aux écologistes et aux communistes : « Nos relations ont été lourdement dégradées pendant cette campagne. […] Nous avons pris au sérieux vos accusations souvent blessantes. […] Donc, un arrangement de dernière minute pour de simples soucis de sauvetage électoral d'organisations serait incompris. […] Nous voulons stabiliser et enraciner davantage encore le pôle populaire pour le rendre disponible et majoritaire aussitôt que possible, notamment pour les prochaines élections législatives. C'est un objectif impraticable sans cohérence programmatique, unité d'action et respect mutuel. […] Dans ce but, l'Union populaire est notre stratégie : rassembler sur des propositions plutôt que sur des logos de parti. […] Nous sommes prêts à partager cet effort avec vous, sans volonté hégémonique ni exigence de ralliement. » Il n'y a pas plus clair, c'est tout le contraire : il n'y a qu'une « volonté hégémonique », mais les autres n'ont plus le choix.

LFI a égaré l'adresse du PS.

Jean-Luc Mélenchon réunit son premier cercle. Ordre du jour : que faire avec le parti de François Mitterrand, son idole, et de François Hollande, dernier avatar de la dérive centriste du parti ? Le leader maximo inaugure la séance : « Le PS a besoin de dégorger. Il faut qu'ils prennent un coup sur la tête pour aller mieux après. Si on est sûrs qu'ils ont tourné le dos au bilan du quinquennat Hollande, on discutera peut-être… Plus tard. Je n'en ai pas encore envie. Pas envie de perdre des heures à bavasser. Mais il faut qu'on se détermine sur le fond. On doit décider du sort des *soc'*. »

La salle se divise. La ligne « peine capitale » est la plus forte. Mathilde Panot incarne, avec quelques autres, la relève mélenchoniste. Pour cette jeune génération, le réflexe est morbide : l'extinction définitive de la race socialiste. Ils n'ont pas été élevés pour penser autrement.

Mais il y a aussi une réalité politique et une réflexion stratégique. Il y a des circonstances où le plus intrépide éprouve le besoin de rassembler toutes ses forces disponibles avant d'affronter de nouveau les chances d'une bataille. Que peut espérer LFI sans le PS et son ancrage local ? Rééditer la maigre récolte des législatives de 2017 (17 députés) ? Sarah Legrain, future députée de Paris, pose la question : « Pourquoi ne pas mettre le PS devant ses responsabilités ? On leur envoie la lettre et on voit s'ils se reconnaissent dans notre proposition. »

Manuel Bompard et Adrien Quatennens restent silencieux.

Après quelques oscillations, le leader maximo tranche : « Camarades, je pense que ce n'est pas la peine d'en rajouter. La messe est dite. On ne bâtit pas les choses sur des rancœurs. Je sais qu'ils sont capables d'aller très loin pour régler leurs comptes. Mais on les bat de tellement loin… Faisons le pari d'essayer de prendre au moins un bout du PS. » Il fallait une réaction chimique dans la tête de Jean-Luc Mélenchon pour un bouleversement des lois naturelles. En plus, son plan d'hégémonie sur la gauche peut continuer à se dérouler sans heurts. Pourquoi ne pas faire preuve de mansuétude ?

Vendredi 15 avril

Contrairement aux apparences, la liaison télégraphique entre le PS et LFI n'a jamais été coupée. Depuis toujours, ils ont continué une conversation. Qui s'exerce exclusivement en cachette. Des gens sont en contact. Des gens se parlent. Des contacts s'intensifient. Des gens se rencontrent. Sous les radars, toujours, surtout en cette fin de campagne présidentielle. Personne n'a intérêt à s'afficher avec quiconque. Depuis quelques mois, entre le PS et LFI, on se surveille et on se jauge. On dépêche avec parcimonie des émissaires de part et d'autre de la frontière, autant d'espions et de contre-espions potentiels. On s'appuie sur des relations politiques ou personnelles. Bernard Pignerol parle avec Patrick Weil, l'historien-sociologue, proche d'Olivier Faure. En janvier, Pierre Jouvet et Paul Vannier se rencontrent dans un café discret de la place de la République. Paul Vannier est l'austère responsable du pôle élections au sein de LFI. Il est très jeune, 36 ans, mais ne sourit pas beaucoup, il est inflexible et toujours très concentré sur sa tâche. C'est le Saint-Just de Jean-Luc Mélenchon qui apprécie son agilité intellectuelle et sa connaissance des organisations. Il lui a demandé de prendre contact, pour comprendre ce qu'il se passe au PS. Au cas où…

Des émissaires qui rapportent tout à leurs patrons respectifs. Aucun de ces tête-à-tête informels n'engage le collectif, toute discussion sera catégoriquement démentie si jamais une fuite survient dans la presse. En revanche, toute information pertinente est collectée et analysée. Tout est bon pour mesurer l'étendue des intentions de l'ennemi irréductible ou bien du partenaire potentiel, qui sait ?

Ce jour, Olivier Faure envoie un SMS à Adrien Quatennens. Ils se croisent en coup de vent depuis cinq ans à l'Assemblée nationale, ils se connaissent à peine. On se parle ? Adrien Quatennens lui répond tout de suite. Pourquoi pas. Mais le député Insoumis demeure sur la réserve. Il manifeste plus de méfiance que d'enthousiasme. Les Insoumis sont loin d'envisager quoi que ce soit. Au conseil régional d'Île-de-France, Maxime des Gayets, président du groupe PS à la région et proche d'Olivier Faure, parle aussi avec Paul Vannier. Des Gayets fut aussi directeur de cabinet de Jean-Christophe Cambadélis quand celui-ci était premier secrétaire du PS. Autant dire que, grâce à sa proximité avec l'ancien membre de l'organisation communiste internationaliste (OCI), des Gayets parle le trotskisme lambertiste couramment. Mélenchon en fut. Ce n'est pas négligeable pour essayer de commencer à coudre l'armature de quelque chose, l'amorce encore évanescente d'une grande aventure commune. Ils sèment une graine, une de plus.

Même si Paul Vannier n'est pas pratique à manœuvrer. Alors que la campagne présidentielle touche à sa fin, il dit à des Gayets : « Chez vous, les deux seules personnes qui s'expriment, ce sont Anne Hidalgo et Carole Delga. Elles tapent comme des dingues sur Jean-Luc… Quel en est le sens politique alors que vous êtes en perdition ? Je serais curieux de comprendre. En plus, ces outrances ne sont jamais contredites par la direction du PS. Donc, ça rend impossible toute discussion politique… »

Maxime des Gayets : « Si l'expression devient différente, on peut discuter ? Ou on reste suspendus dans l'espace ? »

Paul Vannier : « On est en attente d'une expression claire du PS. »

Paul Vannier le concède du bout des lèvres. Il ne le dit pas encore, mais il est perturbé, contredit dans ses intuitions préliminaires. Sur YouTube, il a regardé le dernier congrès du PS, à Villeurbanne, en septembre dernier. Il ressent plusieurs choses : ça bouge au PS, plutôt favorablement, il y a des nouvelles têtes, une génération qui surgit, qui paraît vouloir rompre avec le quinquennat de François Hollande. Qui renoue avec un passé plus ancien, plus ancré dans la tradition d'un mouvement ouvrier. Son état de réceptivité est propice mais il se méfie des socialistes, le scepticisme à leur égard est une seconde nature.

Vannier dit à des Gayets : « Il nous faut des preuves. Pour envisager… Éventuellement… »

Samedi 16 avril

Dans un entretien au quotidien *Libération*, Olivier Faure ouvre tellement les bras à Jean-Luc Mélenchon qu'il risque le démembrement. Il entrevoit de plus en plus le coup gagnant : s'appuyer sur les Insoumis pour se replacer à gauche, balancer François Hollande par la fenêtre, dynamiter les éléphants sociaux-démocrates, évacuer le reste de la meute dans la cuvette des WC. Tirer deux fois la chasse. Bernard Pignerol fait passer un nouveau message à Jérôme Guedj : « Jean-Luc a apprécié l'interview. »

À 14 heures, Anne Hidalgo appelle Pierre Jouvet qui fait la sieste sur son canapé. Elle veut faire capoter la possibilité d'un accord. « Pierre, je te le dis très tranquillement... Vous êtes irresponsables. Tu sais très bien qu'on aura raison à moyen terme. Mélenchon, c'est l'impasse. Ça prendra le temps qu'il faut, mais la social-démocratie va revenir en force. Il vous balade. Etc. » Vingt minutes de sermon mijoté dans une colère froide. Il ne peut pas en placer une. C'est la dernière fois que Pierre Jouvet a parlé à la maire de Paris.

Paul Vannier rappelle Maxime des Gayets. « L'interview d'Olivier, c'est bien. Mais on veut d'autres preuves. La question de la crédibilité de votre engagement pour d'éventuelles discussions est centrale. »

Dimanche 17 avril – Et ce refus est définitif

Dans un entretien au *Journal du Dimanche*, Mathilde Panot, présidente du groupe LFI à l'Assemblée nationale, claque tellement fort la porte sur le nez des socialistes qu'ils risquent la fracture. « Le PS a été très clair. Anne Hidalgo ne voulait rien construire avec nous. Nous avons pris acte de ses attaques et de son refus à tirer un bilan lucide du quinquennat de François Hollande. Dans les dernières semaines de campagne, Jean-Luc Mélenchon était devenu l'ennemi numéro 1. Pendant ce temps, elle ne disait rien sur Marine Le Pen ou sur Emmanuel Macron. Il n'y aura donc pas de discussions, et ce refus est définitif. »

Mauvais timing. En fait, l'interview de Mathilde Panot a été réalisée avant celle d'Olivier Faure. Mais publiée après… C'est ballot, le timing est essentiel en toutes choses, et notamment en politique. En tous les cas, Olivier Faure pense que le PS est mort. Cette fois, c'est officiel. Mathilde Panot n'a même pas pris la peine de faire rectifier ses propos à la lecture de ceux d'Olivier Faure.

L'interview de sa protégée est un petit plaisir gourmet pour Jean-Luc Mélenchon. Celui de faire cuire à petit feu un PS supplicié. Il jubile. Il est l'empereur qui domine l'arène sanglante. Va-t-il lever son pouce ? Le baisser ? Pour l'instant, il donne le feu vert pour entamer les négociations pour les élections législatives avec les Verts et le Parti communiste. Reste à savoir ce qu'ils veulent. Le PS ? Il patientera au purgatoire aussi longtemps que lui l'aura décidé.

Lundi 18 avril

Julien Bayou porte souvent une chemise blanche mal repassée, il a une tête d'éternel adolescent tombé du lit, des séquelles de ses années agit-prop quand il animait, entre autres, à partir de 2006, Jeudi noir, un collectif qui combattait la crise du logement et la flambée des prix des loyers. Aujourd'hui, il a des soucis à ne plus savoir qu'en faire. Crédité, par l'entremise de son candidat Yannick Jadot, de moins de 5 % des voix à la présidentielle, au terme d'une campagne non remboursée, son parti, Europe Écologie-Les Verts (EELV), doit trouver 5 millions d'euros pour éviter la faillite. Deux millions d'ici un mois. Bayou passe plus de temps à réfléchir au moyen de remplir la caisse avant de se faire égorger plutôt qu'à donner un second souffle à l'écologie politique. Alors, quand il pénètre au café Les Délices, entre la gare de l'Est et la gare du Nord, il est très concentré pour être très aimable avec son interlocuteur du jour, Manuel Bompard, l'eurodéputé Insoumis. C'est la première entrevue entre les Insoumis et les écologistes. Le premier round. Les Délices se trouvent pile à mi-chemin entre les QG de deux formations politiques. LFI fait un gros effort, LFI a consenti à traverser le boulevard, la force d'un symbole.

Un échange informel, une prise de température, des regards qui se mesurent. Les Verts sont aux abois, certes, mais Manuel Bompard n'est pas préoccupé de se transformer en bouée de sauvetage du parti écolo. Il s'en fiche. Il veut juste savoir jusqu'où Julien Bayou est prêt à aller. S'il est prêt à renier Yannick Jadot qui s'est acharné sur Jean-Luc Mélenchon en fin de campagne. Manuel Bompard sera intraitable : « Vous voulez discuter ? On ne veut pas d'un accord électoral au rabais échafaudé sur un coin de nappe. » Manuel Bompard pose des conditions non négociables : un accord est possible, mais sur la base du programme des Insoumis présenté à la présidentielle et sous une bannière commune. Pour l'instant, Julien Bayou dit amen à tout. Que faire d'autre ?

Une heure plus tard, Manuel Bompard reçoit une délégation communiste. Même configuration, il joue sur du velours. Mais le PC est reçu au siège de LFI, on les traite moins bien. Entre le patron du PCF, Fabien Roussel, et Jean-Luc Mélenchon, c'est « je ne t'aime pas, moi aussi ». Une rupture consommée depuis des mois. Fabien Roussel, candidat jusqu'au-boutiste avec ses 2,5 % au premier tour. Fabien Roussel n'en peut plus des diktats mélenchonistes. Fabien Roussel n'assistera à aucune réunion de négociations. Cependant, les convergences programmatiques sont telles entre les deux partis que Manuel Bompard, optimiste sur la fluidité des discussions, propose d'avancer vite pour trouver un accord. Mauvaise pioche. « On se voit plutôt lundi prochain ? » Le PC cherche à gagner du temps. Le PC veut absolument intégrer le PS dans les futures négociations. Ils ne veulent pas se retrouver seuls face à LFI, ils ne veulent pas se faire manger tout crus. Le PS ? Le pouce de Jean-Luc Mélenchon n'en finit plus d'hésiter.

Mardi 19 avril

Jean-Luc Mélenchon aurait pu faire fureur dans une boîte de pub. Inventer des tas de slogans, il aurait été augmenté royalement chaque année. Il en a déniché un fameux qu'il livre en exclusivité et en direct à Bruce Toussaint, sur BFM : « Je demande aux Français de m'élire Premier ministre. » Le coup politique de l'année ? Il galvanise les Insoumis. L'incongruité d'un troisième tour de la présidentielle surgit dans les yeux incrédules et narquois du journaliste. Les Insoumis ne veulent plus seulement être la première force de la majorité. Ils veulent être la majorité. Ils préemptent le duel avec Emmanuel Macron qui doit débattre le lendemain avec Marine Le Pen. Jean-Luc Mélenchon, empaqueté comme un nouveau détergent épatant qui défiera toute concurrence.

Publicité mensongère ? Un peu. La révolution par les urnes en 2022, Mélenchon y croit à peine. Il aurait une chance avec un scrutin proportionnel… Mais là… Le scrutin uninominal à deux tours et l'abstention… C'est nourrir un espoir insensé. Même si la future alliance en germe, aux avancées prometteuses, le rend optimiste, il sait qu'il est encore trop infréquentable pour une partie des électeurs de gauche. Il s'agit surtout d'éviter la déconfiture des législatives de 2017 en maintenant vivace le vote utile. Ça fonctionne. La presse et les commentateurs s'emballent, les instituts de sondage s'en donnent à cœur joie… Et si Mélenchon devenait Premier ministre ?

Le roi du marketing politique s'adresse aussi aux siens : « Je veux faire passer un message fort : pas de règlements de comptes, pas de rancœur, pas d'acrimonie. Il faut se rassembler. » C'est encore flou, mais les socialistes tendent les deux oreilles et serrent les fesses.

Justement, ce mardi, c'est aussi soir de conseil national, à Ivry-sur-Seine. Le parti doit débattre et voter le principe d'un dialogue possible avec LFI pour les législatives. L'opposition à Olivier Faure se chauffe à blanc et rue dans les brancards. Bernard Cazeneuve, ancien Premier ministre de François Hollande, parle de nihilisme ambiant, son PS absorbé dans les infâmes remugles Insoumis ? Il met en garde : si le PS s'engage dans des discussions avec LFI, je m'en vais.

Avec 160 voix pour, 75 contre, 10 abstentions, le PS reçoit mandat de discuter avec l'ensemble des forces de gauche, dont LFI. La coupe est pleine pour

Laurent Azoulai, strauss-kahnien historique, qui claque la porte le soir même. Bernard Cazeneuve attendra un peu.

C'est le deuxième signe d'ouverture du PS vers LFI. Après l'interview dans *Libération*, Jean-Luc Mélenchon voulait savoir si le premier secrétaire du PS parle seulement pour lui ou au nom d'une organisation. Olivier Faure fait tout bien comme il faut. Son PS s'engage peut-être sur le chemin de la résurrection. Mais il sait qu'il prend un risque majuscule. Si l'alliance tombe à l'eau, il coule avec. Rien ni personne ne lui garantit que LFI va leur dire oui. Le PS est parti à l'aveugle.

Maxime des Gayets rappelle Paul Vannier. « Ça vous suffit, comme preuve ? » Il n'y a plus qu'à attendre un signe des Insoumis. Rien qu'un signe.

Mercredi 20 avril

Pendant qu'Emmanuel Macron sécurise sa réélection face à Marine Le Pen lors du débat d'entre deux tours, le chef des Insoumis revient à son quartier général, après une pause réparatrice de deux jours. « Alors, vous m'avez trouvé comment sur BFM ? Ça vous a plu ? » Jean-Luc Mélenchon est tout fier. « Premier ministre ! Dans quelle galère je me suis encore fourré ! » Il met la main en éventail sur la bouche comme Coluche quand il jouait les maladroits ingénus. « Ça a créé un effet magique. J'ai proposé ça et tout le monde chez nous est remonté à cheval en disant “Banzai !” » Avec toute la gauche ? « Qui va nous résister ? On va essayer. Ils veulent faire de moi un dictateur mais je n'ai pas le temps de dictatorer. » Un clin d'œil à ses anciens camarades : « Je pense que les socialistes n'ont plus envie d'être écrasés par leur histoire. » C'est vrai. Mais ils attendent toujours que le téléphone sonne.

Jeudi 21 avril

Ça s'accélère. Tout le monde s'agite, pas toujours en cadence. Les réunions s'enchaînent pour dessiner la suite. Ça avance vite avec les Verts. Le PC ne donne plus de nouvelles. Le PS attend toujours. Jean-Luc Mélenchon est invité à une conférence à la Maison de la chimie à Paris, il parle d'une voix caressante, il tend ses mains à « tous ceux qui veulent », exhorte ses troupes à tourner la page « de la pagaille, des injures, des invectives [qui] ne nous font pas avancer d'un mètre ». Le PS respire un peu mieux, Olivier Faure happe une gorgée d'air.

Pierre Jouvet est chez lui, dans la Drôme. Il suit la retransmission de l'intervention de Jean-Luc Mélenchon. À 20 h 45, il envoie son tout premier SMS à Manuel Bompard : « Bonsoir Manuel. Il serait temps d'échanger ensemble. Merci d'avance. » Jean-Luc Mélenchon pose la main sur le bras de son fidèle lieutenant : attends encore un peu, je dois vérifier quelque chose auparavant.

Vendredi 22 avril

Olivier Faure envoie son premier SMS à Jean-Luc Mélenchon : « À ta disposition pour échanger. En totale confidentialité. »

« J'en suis d'accord. Vois Guillaume. »

« Qui est Guillaume ? »

« Guillaume, PRG. »

Depuis quelques mois, Jean-Luc Mélenchon a un nouvel ami. Guillaume Lacroix, le président du Parti radical de gauche qui prône l'union de la gauche depuis toujours. Il fut au soutien de Christiane Taubira, éphémère candidate à la présidentielle. Mélenchon et Lacroix ne sont d'accord sur quasiment rien politiquement, mais ils s'apprécient ; ça ne s'explique pas, c'est comme ça. Guillaume Lacroix est chez lui, à Bourg-en-Bresse, quand il reçoit un SMS du chef des Insoumis, en début d'après-midi : « On peut dîner ce soir ? » Guillaume Lacroix saute dans le TGV pour discuter stratégie en vue des législatives. Ils se retrouvent chez Da Mimmo, un restaurant italien pour connaisseurs, boulevard Magenta, entre République et Barbès, en bas de chez Jean-Luc Mélenchon.

Avec son nouvel ami, Guillaume Lacroix n'a plus besoin de prendre de gants : « Jean-Luc… Il y a un espace extraordinaire qui s'ouvre à gauche de Macron.

Il va falloir faire autrement qu'en 2017. Il y a cinq ans, tu as voulu déchiqueter le PS et le PC. Alors que c'était toi le patron. Alors que tu avais toute la légitimité pour rassembler. Et tu as fabriqué des inimitiés profondes. Il te manque trois points à chaque fois. Tu rates la marche à chaque fois... Il faut faire du François Mitterrand. Je ne vois de rassemblement que si tu t'extrais de ta posture de leader maximo. Il faut un discours tempéré. C'est ce qu'il te manque : tu dois rassurer les classes moyennes et ma grand-mère. »

« Mais si je me recentre... Je perds... »

« Jean-Luc... Entre Chavez et Mitterrand, il n'y a pas de synthèse ! »

« Olivier Faure veut me voir. Tu en penses quoi ? Tu peux nous organiser quelque chose ? »

Dimanche 24 avril

Emmanuel Macron est réélu président de la République française.

Manuel Bompard répond à Pierre Jouvet : « Merci. On essaye de se voir vite. »

Les hasards de la vie. C'est la première fois que les deux hommes se parlent. Et pourtant, ils ont le même âge, ils ont grandi dans la même ville, Romans-sur-Isère, dans la Drôme. Et pourtant... Depuis que Jean-Luc Mélenchon a claqué la porte du PS, pour s'en aller fonder le Parti de gauche, ils le disent en chœur : « On est formatés pour se haïr. » Pour

Bompard, un socialiste a forcément une dégaine de faux jeton. Pour Jouvet, l'Insoumis est dangereux.

Manuel Bompard porte souvent – trop souvent, selon son mentor, Jean-Luc Mélenchon – un sweat à capuche. Il possède des capacités encéphaliques au-dessus de la moyenne, mais parle d'une manière qu'aucun rappeur en herbe d'une banlieue quelconque ne pourrait renier. Vu de l'intérieur, Manuel Bompard est un mécanisme de haute précision. Un joueur d'échecs avec une calculatrice en guise de muscle cardiaque. Un bloc de métal, aussi, avec autant de sensibilité qu'une porte de coffre-fort. Dans quelques heures, quand tout aura commencé, Manuel Bompard sera l'aiguilleur de l'intégralité du processus de négociations, le maître d'œuvre de réunions à rallonge, il sera catapulté dans une autre dimension médiatique, remportera largement sa législative, à Marseille. Plus tard, quand tout cela sera terminé et qu'autre chose aura commencé, il se permettra même d'appeler le président de la République « bonhomme ». Mais il ne le sait pas encore.

Manuel Bompard est l'ennemi des nerveux. Il aime neutraliser tranquillement. Il peut être payant de laisser macérer le sujet traité. Ce qui l'autorise à s'endormir en toute sérénité avant le début des négociations dont il tisse patiemment la toile. Il a déjà réglé au millimètre la campagne présidentielle de Jean-Luc Mélenchon. Il va récidiver pour les législatives, il a sa stratégie en tête. Dans l'engrenage de ses combinaisons, son schéma tactique repose sur un principe vieux comme les négociations à plusieurs partenaires de poker. Jouer avec les uns contre les autres. S'allier avec l'un pour affaiblir l'autre. Quand il était sénateur et jeune loup d'appareil, Mélenchon a gouverné le PS de l'Essonne de la même manière pendant vingt ans. Les autres courants n'ont jamais réussi à s'unir pour le renverser, c'était pourtant facile.

Manuel Bompard pousse ses pièces sans se soucier de ce qu'elles pensent. Il faut faire avancer les réunions bilatérales à la bonne vitesse en misant sur une arme fatale : le premier qui signe sera mieux servi, en termes de circonscriptions, que le deuxième et le troisième. Pas de réunion à trois ou à quatre tant qu'on n'a pas topé avec la première organisation. Pour demeurer constamment en position de force et éviter une coalition qui pourrait se mettre d'accord contre lui. On est toujours plus fort à deux contre un, et même à trois contre un. Parier sur le fait que les Verts, les communistes et les socialistes sont assez bêtes pour ne pas comprendre qu'ils peuvent se liguer contre lui. Bompard a des certitudes : ça va bien se passer avec les Verts. Peut-être un peu moins bien avec le PC. Et mal avec le PS. Si ça se passe. Il a tort sur ce triple pronostic, mais c'est l'une de ses seules erreurs.

Lundi 25 avril

État de nerfs généralisé. Ça n'avance plus du tout avec les écologistes. Devant son café matinal, derrière la butte Montmartre, David Cormand est même hystérique. « À ce stade des négos, rien ne va. Mais alors, rien. Sur le programme, on ne valide pas une Europe à la carte. Sur le récit, ils ne veulent pas changer de logo… Sur la répartition des circonscriptions, c'est n'importe quoi. LFI pense qu'on fait la manche pour avoir un groupe à l'Assemblée nationale. LFI veut nous faire admettre qu'il n'y a plus d'utilité d'avoir un parti écologiste. Qu'on est un parti négligeable qui doit disparaître. LFI n'a jamais parlé écologie première langue. Ça me soûle ! »

Dans une négo, il y a une règle que Manuel Bompard connaît par cœur : il faut savoir ce qui compte pour l'autre et le lui faire payer cher. Un jour, ils font semblant de zapper la circonscription de Julien Bayou. Un autre, c'est celle de Sandrine Rousseau qui disparaît du document de travail. Yannick Jadot, qui sort de son mutisme post-présidentielle pour donner une unique interview à France Inter, dégomme l'union ? LFI publie fissa un communiqué acide sur un parti écolo éternellement bordélisé. C'est confus et opaque au possible. Chez les Verts, le fonctionnement démocratique interne est complexe. Les Insoumis s'agacent de ces parasitages. Les Verts s'agacent que LFI fasse courir le bruit que les négociateurs écolos ne sont philosophiquement pas favorables à un accord. Rien ne va. Mais alors, rien.

Alors les Verts traînent des pieds. En fait, la discussion est submergée par des contradictions internes. Julien Bayou dit oui à la désobéissance aux traités européens quand Yannick Jadot met en garde contre la menace d'absorption de son camp par les Insoumis. En clair, l'aile Jadot veut bloquer les négociations. Deux heures plus tard, Sandrine Rousseau, la finaliste de la primaire qu'a remportée Jadot, déclare que Mélenchon possède « le leadership », qu'il faut bien s'y soumettre… Tandis que Delphine Batho, dirigeante de Génération Écologie, qui a renforcé ses positions durant la campagne, ne veut pas s'allier avec Jean-Luc Mélenchon qu'elle connaît depuis trente ans, justement.

En réalité, Manuel Bompard a un problème avec Julien Bayou. Il ne parvient pas à le cerner. « Mais que pense Bayou ? Vous le savez ? Moi, non. » Le patron des Verts lui envoie des tableaux Excel en guise de répartition des circonscriptions auxquelles personne ne comprend rien. Quelques jours auparavant, nous étions attablés dans un restaurant à 50 mètres du passage Dubail. « Non, vraiment, j'arrive pas à savoir. Au fond, j'ai l'impression qu'il est prêt à flinguer tous les autres pour sauver ses fesses. »

Manuel Bompard active ses taupes chez les écolos, les plus « Mélenchon-compatibles », ceux qui veulent l'union, même à bas prix. Il pige que Bayou joue un double jeu en faisant mine de contenter les différents courants de son parti. Il fait croire à chacun qu'il les avantage, mais en réalité, il négocie pour lui et ses proches. Les tableaux Excel de Bayou sont volontairement illisibles. Il a la trouille que ses vraies intentions n'éclatent au grand jour et que les différentes minorités ne s'aperçoivent de la « supercherie ». Un enfant de 3 ans se serait aperçu du manège.

De toute façon, en règle générale, entre les Verts et les Insoumis, les discussions sont fastidieuses. Sans grand souffle politique. Des négociations de petits épiciers. Julien Bayou décommande des rendez-vous pris au siège des Insoumis, pour les reprogrammer ensuite… Il tergiverse, pinaille, donne l'impression constante qu'il truque les cartes. Tout en se plaignant dans la presse que c'est plus compliqué que prévu mais que ce n'est évidemment pas sa faute. Chez Bayou, c'est peut-être moins de la malice qu'un manque de savoir-faire. Bompard coince Bayou entre deux portes : « En fait, vous allez arrêter de nous prendre pour des cons. Si vous ne voulez pas signer, c'est pas grave. Mais on n'est pas à votre disposition. On n'a pas de soirées à passer à vous voir partir, revenir. À avoir la tête qui tourne avec tes tableaux. Si ta méthode de négociations, c'est le coup de pression permanent, ça ne va pas le faire. S'il y a un truc qui ne vous va pas, vous dites ce que c'est, mais tu ne dis pas direct "On va interrompre les discussions parce que ça ne nous convient pas", avant de nous rappeler cinq minutes plus tard. OK ? » Dans la tête de Julien Bayou, il s'agit de faire attention, sinon ça risque de se refermer comme les mâchoires d'un requin.

À 15 heures, on croise Bruno Bernard par hasard dans la rue. Guetté par le *nervous breakdown*. Le patron de la métropole lyonnaise n'a aucun rôle officiel dans les négociations avec les Insoumis mais il est partout. En général, il se mure dans un silence tenace dès que surgit un journaliste. Là, il est trop secoué pour retenir sa réserve naturelle. « Les négos, pour moi, c'est terminé. Je vois pas de signaux positifs de la part des Insoumis. Ça n'avance absolument pas. Pour moi, c'est mort pour un accord global. Ils n'envoient que des signes d'absorption. Ils ne savent pas négocier. Je pense que c'est trop tard. Cinq ans à se taper dessus sur les réseaux sociaux… C'était trop compliqué de se rabibocher en trois jours. »

Pour mettre un peu plus les Verts en tension, Manuel Bompard décide de débloquer, enfin, les socialistes. Il appelle Pierre Jouvet. Point 1 non négociable : on se voit jeudi prochain. Point 2 : on ne parle pas de circonscriptions, que du programme. On veut voir ce que vous avez dans le ventre. Dans la tête de Manuel Bompard, en réalité, c'est assez clair. Il ne croit pas une seconde à une révolution culturelle de la part des socialistes. Il n'était pas dans la voiture avec Luc Broussy, Tic et Tac le soir du premier tour. Il ne sait pas que tout a changé. Il pense à un énième coup de bluff. Il est certain que Pierre Jouvet veut ruser, qu'il va leur raconter des craques juste pour avoir dix circonscriptions supplémentaires. Bompard est fataliste : à la fin, ils auront, éventuellement transformer des regards hostiles en relations de courtoisie. Rien de plus à espérer.

En parallèle, Olivier Faure et Jean-Luc Mélenchon échangent des SMS. Les deux chefs se parlent. Enfin.

Faure : « Si tu souhaites vraiment que nous avancions ensemble, il faut que nous puissions nous parler vite. Il faut se parler sans faux-semblants. Je sais que ce n'est pas facile pour les tiens. Ce n'est pas plus simple pour moi non plus. Mais on peut faire quelque chose de grand, réveiller une espérance. »

Mélenchon : « Ok. Je regarde comment faire. Peut-être faut-il se parler en direct. Je te mets un message dès que j'ai consulté mes très proches. »

Faure : « Tu n'as rien à craindre avec moi. Si le statut de cette entrevue, c'est de ne pas exister, elle n'existera pas. Je ne veux pas te piéger. Je veux juste qu'on se comprenne vraiment au-delà de nos préjugés et méfiances réciproques. »

Mélenchon : « Le pire ce sont les injures d'Anne Hidalgo. Ce n'est pas commode à gérer. Je ne connais pas le PS du présent. Je dois trouver une opportunité de se parler en tête à tête. »

Mardi 26 avril

Après dissipations des brumes matinales, Jean-Luc Mélenchon appelle Guillaume Lacroix. Guillaume Lacroix appelle Olivier Faure. Jean-Luc Mélenchon textote Olivier Faure à midi pile : « Ok, on déjeune. » Dans un bistrot de l'Est parisien. Olivier Faure s'enquiert du nom dudit restaurant. Mélenchon lui répond qu'il le lui indiquera au dernier moment. Ce sera à proximité de la gare de l'Est. Un rade de bord de gare. On crée une grosse bulle de confidentialité avec des itinéraires secrets, la moindre fuite ferait tout capoter, un truc de trotskiste.

Faure annule une réunion au siège du PS, grimpe dans sa voiture, récupère l'adresse quand il est en route. Le Café de l'Est. Olivier Faure fut le directeur de cabinet, au PS, de l'homme que Jean-Luc Mélenchon déteste sans doute le plus au monde : François Hollande. C'était il y a longtemps, certes, mais, pour Mélenchon, Olivier Faure incarne définitivement cette seconde nature, cette capacité irréfragable des socialistes à trahir en toutes circonstances. Jean-Luc Mélenchon ne connaît pas vraiment son énigmatique compagnon de déjeuner qui est en route. Ils n'ont jamais été camarades de promotion. Pour Mélenchon, Faure est un personnage transparent, un obscur bureaucrate. Qu'a-t-il dans le crâne ? Il n'y a pas si longtemps, c'était pendant la campagne présidentielle, Olivier Faure parlait de Mélenchon comme d'un populiste, un démago, un « antivax » qui s'emmêle avec les valeurs de la République. Et maintenant, ce serait tout le contraire ?

Mélenchon connaît juste sa réputation, on lui a dit de rester sur ses gardes. Faure a des antécédents. Un instinct de survie aiguillonné et une élasticité politique hors du commun. Il est passé de Michel Rocard à Jean-Marc Ayrault, de François Hollande à Martine Aubry. Des tête-à-queue dans tous les sens, suite suspecte de fidélités idéologiques antinomiques. Là, le caméléon est peut-être au zénith de la métamorphose et de la duplicité. Dans le genre, Faure estime que Mélenchon n'est pas mal non plus. Trotskiste, mitterrandiste, sénateur, fondateur du courant le plus à gauche du PS… Bref. Il faudra sûrement un brise-glace pour susciter un réchauffement.

Faure commande un couscous, mais il n'est pas bien sûr, cela n'a pas beaucoup d'importance, il mesure surtout l'importance du moment. Il va conditionner toute la suite. Les deux hommes portent tous les deux un blouson de cuir sur les épaules. Aucun des deux ne l'enlève, comme si le déjeuner devait durer un quart d'heure, comme s'ils étaient là de passage, comme s'il n'allait rien se passer.

Faure veut comprendre si Mélenchon va le piéger. Ou s'il y a une volonté de construire quelque chose. Mais c'est Jean-Luc Mélenchon, l'homme des 22 %, qui tient le PS dans la main comme un œuf, petit et fragile. Il peut le faire exploser s'il veut. Olivier Faure ne doit pas se louper. Mélenchon cherche à comprendre, guette la ruse et l'opportunisme, traque ce qu'il peut bien rester de son allégeance aux éléphants. Mélenchon teste les tripes de Faure, guette le moindre faux pas. Est-ce que Faure acceptera la rupture avec la social-démocratie ? Ou est-ce seulement une énième manœuvre du PS en perdition ? Il veut que Faure soit sincère. Mélenchon veut un débat de fond, valider une perspective de temps long.

Mélenchon vérifie que le PS est d'accord pour un programme partagé et pas seulement pour se partager quelques circonscriptions. Mélenchon fixe deux règles : ce ne peut pas être qu'un accord électoral. On applique la proportionnelle pour la répartition des circos et on arrondira les angles sur les circos à problèmes. Une règle bonus : pas de palabres sans fin. Alors, ce déjeuner, c'est presque une interro orale.

Il va durer quatre heures et demie, l'ambiance va se détendre au fur et à mesure, ça devient même un moment agréable. Ils se découvrent des atomes crochus. Ils passent une bonne partie du déjeuner à évoquer les trente dernières années de la gauche. Mélenchon partage même quelques uns de ses souvenirs avec Michel Rocard. Mélenchon découvre que Faure a une bonne connaissance de l'histoire politique. Faure est étonné, mais de moins en moins perplexe. Il découvre quelqu'un d'urbain avec qui il n'a pas échangé plus de dix mots, désagréables de surcroît, en cinq ans de voisinage à l'Assemblée. Il s'attendait à un Mélenchon dans la séduction la plus factice ou le mépris le plus arrogant. Rien de tout ça. Mélenchon dit à Faure : « Il se passe un truc bizarre. C'est avec vous, le PS, que c'est le plus facile. On parle la même langue. En fait, c'est plus facile avec toi qu'avec Bayou que je n'arrive pas à comprendre et qui change d'avis toutes les dix minutes. »

Pierre Jouvet et compagnie attendent le patron à Ivry. Le déjeuner devait durer deux heures. Il est assez souriant. Mais un sourire lent.

« Alors ? Ça s'est passé comment ? »

« Franchement, c'était bon intellectuellement. On a parlé histoire. Socialisme. Histoire du socialisme. »

« Mais on s'en fout ! Il est ok pour les négos ? »

« Oui, je pense. »

« Mais vous vous êtes dit quoi ? »

« On a dit que tu devais appeler Bompard et voir avec lui pour la suite. »

Jean-Luc Mélenchon revient au siège des Insoumis. Faure est validé. « Il est sincère le type. Il ne m'a pas l'air d'être un gros traître. Pas l'impression que ce soit une poule d'élevage du PS. »

C'est le grand feu vert de Jean-Luc Mélenchon.

17 heures. Près de la place de la République. Dans un café à proximité du siège d'EELV. On retrouve Sandra Regol, la numéro 2 du parti, est vraiment contente. Sa limonade est bien fraîche et surtout, après une pause dans les négociations avec LFI, celles-ci sont sur le point de reprendre sur des bases

tout à fait encourageantes : « Je suis redevenu optimiste, alors que je ne l'étais plus du tout. Au début, ils parlaient chinois, et nous hébreu. On ne se comprenait pas, mais ça s'arrange. On fait des efforts et ils essayent de sortir de leur tropisme hégémonique. » Aucun de nous deux n'a connaissance du déjeuner qui vient de se terminer au Café de l'Est, à moins de cent mètres.

Quelques minutes plus tard, un message bipe sur son téléphone. Elle devient toute blanche. Elle découvre que les Insoumis viennent de diffuser les premières affiches et tracts pour la campagne. À la seule effigie de « Jean-Luc Mélenchon, Premier ministre ». En pleines négociations… « Oh là là… Comment prendre un tel message ? » Elle retourne fissa au QG du parti pour discuter de la nouvelle ligne à tenir.

Mercredi 27 avril

C'est fou ce que les Verts peuvent être foutraques et décevants. D'abord, ils annoncent le meilleur : une conférence de presse solennelle déclenchée en urgence. Depuis quelques heures, l'ambiance est trop électrique dans les négociations pour ne pas être alléché par une éventuelle annonce tonitruante. Mais arrivés au siège des Verts, c'est toujours la même histoire. C'est pavé de bonnes intentions, mais c'est flou, flottant, foireux, bricolé. Pas assez de chaises pour les journalistes venus en masse. Le rétroprojecteur fonctionne mal. Les graphiques truffés de chiffres projetés sur un coin de mur, censés clarifier les calculs de circonscriptions en discussion avec les Insoumis, sont nébuleux. Les journalistes, malgré d'intenses efforts intellectuels, ne comprennent pas plus que Manuel Bompard. C'était le but de la manœuvre.

Ce qu'on finit par entrevoir, c'est que Julien Bayou veut calmer le jeu avec les Insoumis. Il donne des gages : plus de lignes rouges sur le fond du programme, pas d'inconvénient non plus à parler de « l'Union populaire » pour leur slogan commun. « Pour essayer de débloquer la situation, on veut aussi faire la transparence complète sur l'état des discussions. » Un éclair de clarté, Bayou pensait embobiner tout le monde. Mais Bayou est tellement transparent que dans le feu roulant des questions, il se précipite pour annoncer que les écolos sont prêts à accepter l'offre des Insoumis, c'est-à-dire 20 % des circonscriptions. Bayou aurait signé n'importe quoi.

Stupeur chez les Insoumis qui suivent cette conférence de presse depuis leur propre siège, à 500 mètres. Manuel Bompard n'en peut plus de rigoler. « Il dit qu'il se couche à 20 % ? Mais il est fou, Bayou ! Une fois que tu dis publiquement que tu es prêt à lâcher… C'est bon les copains ! Pour eux, c'est fini, ils sont dans l'étau. Ils ne peuvent plus s'en sortir. Cette conférence de presse, c'est la plus grosse erreur de ces négociations. »

Le soir même, Pierre Jouvet boit un verre avec Julien Bayou qui a son compte, il est dépité : « Aujourd'hui, je crois que je n'ai pas fait un super coup politique. » Jouvet, lui, se dit qu'il faudra la jouer beaucoup plus fine.

Jeudi 28 avril

Le siège de LFI au fond de la très confidentielle impasse Dubail, derrière la place de la République, c'est un réseau fortifié avec des hautes clôtures et un système d'alarme performant. Pas de pancarte « Chien méchant », mais un panonceau cocasse accroché à la grille, très second degré : « Matignon. » Depuis aujourd'hui, l'impasse Dubail est devenue l'aorte géographique de la future Nupes. Avec LFI au milieu de l'épicentre.

La délégation socialiste y arrive groupée, emmenée par Pierre « Tic » Jouvet. Sébastien « Tac » Vincini, Laurent Baumel, Mélenchon-compatible, Christophe Clergeau, le plus proche d'Olivier Faure, Corinne Narassiguin, la numéro 2 du PS est dépêchée en dernière minute. Une question de parité. Sinon, c'était une bande de mâles blancs dominants qui tourne au coin de l'impasse pour tomber nez à nez… avec une meute de journalistes aux aguets. Pierre Jouvet n'en revient pas : « P… Mais qu'est-ce c'est que ça ? » Personne n'a encore idée de l'impact médiatique de ces débuts de négociations. Face à eux, il y aura notamment Clémence Guetté et l'inévitable Paul Vannier.

Quand Pierre Jouvet pénètre dans les lieux, il tombe sur une ruche enthousiasmante, des gens très jeunes qui s'affairent dans une ambiance enfiévrée. Des bocaux de fraises Tagada parce que Mélenchon adore ça. Pas l'ombre d'un type en cravate. L'effervescence se mêle à l'étonnement. Des petites mains souriantes et dynamiques qui empaquettent tracts et affiches « Jean-Luc Mélenchon, Premier ministre ». Tic glisse à Tac : « On prend dix ans dans la vue, là. »

Pour cette première réunion avec le PS, il faut dissiper les nuages qui menacent d'envahir la pièce. Une première réunion comme une photo pour magazine sur papier glacé. Montrer à la France entière que les négociations sont possibles. Même si tout reste à faire. Manuel Bompard pose ses conditions liminaires, toujours les mêmes : pour la première fois dans l'histoire de la gauche, le rassemblement se fera sous le drapeau le plus radical. Les socialistes devront accepter de défendre la retraite à 60 ans et demander l'abrogation de la loi El Khomri. Sur ces points, Faure a déjà dit « oui » à Mélenchon. Pour la désobéissance aux traités européens, il faudra discuter. Pour les circonscriptions, ce sera 31. À prendre ou à laisser. Pierre Jouvet, le négociateur en chef des socialistes, tente de calmer le jeu : « Ok. On a fait 1,7 %. Vous voulez nous raser ? Vous pouvez. Vous pouvez aussi considérer que je suis un macronien. De toute façon, je m'en fous, je suis déjà mort. Je vous le dis, je suis un astre mort. Et 31 députés, je peux les faire sans vous. Ou alors, vous voulez que Mélenchon soit Premier ministre et là, on commence à discuter. »

De temps à autre, Jean-Luc Mélenchon passe une tête : « Ça va, camarades ? » Mélenchon fait confiance à ses lieutenants. Il ne veut pas se mêler aux discussions, il craint qu'on ne le lui reproche, il préfère rester au-dessus de la mêlée. De toute façon, il ne connaît pas vraiment cette nouvelle génération d'élus, même au PS ils ne l'ont jamais croisé à la « grande époque ». Moyenne d'âge : 35 ans. Il y aura quelques briefings et débriefings quotidiens quand même. Il ne quitte pas le siège, tous les couloirs mènent à son bureau. Olivier Faure est à Ivry. Il suit les discussions par messages interposés.

Les socialistes y vont à fond la gomme, ils en rajoutent des couches, des preuves d'amour comme s'il en pleuvait. « On est prêts à gouverner avec vous. » « Il faut un vrai accord sur le fond. Qui dure. Il ne faut pas que ça éclate au premier débat TV. » « La social-démocratie à la Hollande, c'est terminé. Promis, juré. » Manuel Bompard, Paul Vannier et Clémence Guetté sont bouche bée. Ils savaient que les socialistes n'auraient pas d'autre choix que d'accepter des inflexions programmatiques, mais que ces concessions s'exprimeraient, a minima, sur un mode embrouillé. Ils ne s'attendaient pas à une telle clarté, à ce qu'ils s'offrent de manière aussi spectaculaire à la gauche mélenchonienne.

L'horloge tourne. Jean-Luc Mélenchon, qui n'aime rien tant que les références historiques, rêve de conclure un accord pour le mardi 3 mai, date anniversaire de la victoire du Front populaire en 1936.

Sébastien Vincini a d'autres priorités : « Il faudrait finir avant samedi car j'ai l'enterrement de vie de garçon de mon meilleur ami. » Mais la désobéissance aux règles européennes demeure un point de blocage. Laurent Baumel : « Ça fait dix ans qu'on se fout sur la gueule, on ne peut pas tout régler en quelques heures. » Après trois heures de discussions, les deux camps sortent en déclarant aux médias qu'il y a des convergences, aucun blocage. On ne se sépare pas du tout fâchés, mais pas encore amis.

En attendant, ça se révolte au PS. Les prémices d'une dissidence qui gronde. Sur France Info, François Hollande lance une salve : « On a toujours prôné l'union. Là, c'est une disparition. » Il n'a pas de mots assez durs en listant les points programmatiques des Insoumis qui heurtent le logiciel du PS. « Le prochain gouvernement, si Mélenchon avait une majorité, serait amené à mettre en cause les traités européens ? À quitter l'Otan ? À ne plus aider les Ukrainiens ? Cet accord ne sera pas accepté parce qu'il est inacceptable sur le plan de ce qu'il représente électoralement et parce qu'il met en cause des principes mêmes qui sont des fondements de l'engagement socialiste. S'il l'est, le PS aura décidé de disparaître. »

Même minoritaire, la fronde est bien réelle. Des élus locaux qui n'ont rien à perdre aux législatives n'ont pas envie de se diluer dans La France insoumise. Leur représentante la plus médiatique est Carole Delga. Elle cite Pierre Mendès France : « La morale en politique interdit que stratégie et convictions divergent, fût-ce pour des motifs d'opportunité transitoire. » Ce soir-là, elle présente plusieurs candidats PS dans le Tarn, sans attendre l'accord. Au Sénat, le chef de file frondeur s'appelle Rachid Temal. Ces derniers jours, il s'agite pour que les militants soient consultés sur les négociations. Mais Jean-Christophe Cambadélis, ex-patron du PS, lui conteste la place d'opposant le plus acharné en tweetant à tout-va. « Pour Mélenchon, il y a des ralliés ou des radiés, et nous, on est prêts à se renier pour sauver 20 parlementaires ».

Vendredi 29 avril

Le matin, le PS, toujours autant de bonne volonté, diffuse sur les réseaux sociaux son texte de clarification politique pour s'arrimer au futur programme commun. C'est vraiment sans détour, ils seront d'accord sur à peu près tout ce que leur proposent les Insoumis. Les militants socialistes sont à la fois pris au dépourvu et mis devant le fait accompli, ils découvrent la gauchisation accélerée du PS dans la presse. À 10 heures, passage Dubail, les négociateurs inaugurent trois ateliers parallèles. Un sur le programme commun, un autre sur la stratégie de la nouvelle alliance, un dernier sur les circonscriptions. On se répartit entre différentes salles. Dans la première, on discute beaucoup Europe et désobéissance. C'est la clé de voûte de la future union. On parle aussi retraite et âge pivot. Dans la seconde, on évoque l'idée d'une grande fédération. On se SMS de salle en salle pour mesurer l'avancée des uns et des autres. Régulièrement, on alerte l'autre table, « allez-y mollo. » Il faut que tout avance au même rythme.

Mais le moteur de tout, c'est la première réunion sur la répartition des circonscriptions. Qui tourne court. Deux heures. Manuel Bompard n'a pas bougé d'un iota : « 31 circos, pas une de plus. » Stricte logique de mécanique mathématique calquée sur les scores à la présidentielle. Pierre Jouvet reste poli : « Écoutez, il faut respecter des équilibres territoriaux. Il faut prendre en compte notre dispositif de démocratie interne. 30 circos ? 530 candidats socialistes sur le carreau ? Ça ne passera jamais chez nous. On va se faire étriper. On va devenir minoritaires au sein du parti et bye bye l'accord »

Bompard : « 1,75 %, ça fait 31 circonscriptions. » Et souvenez-vous, on pouvait vous liquider.

Jouvet : « On ne négociera rien en dessous de 130 circonscriptions. »

Il reste donc un certain chemin à parcourir… Jouvet ne pourra jamais se coucher au prix fixé par les Insoumis. Au sein du PS, la fronde bouillonne toujours, partout dans les médias. Tous ces socialistes anti-mélenchonistes qui jurent qu'ils se présenteront coûte que coûte. Il faudra ajouter la colère de tous les autres socialistes fidèles à la ligne, qui sont déjà partis en campagne, mais qui ne pourront se présenter… Pour maintenir l'unité du parti, les marges de manœuvre sont réduites. Bompard, lui, a la consigne de Mélenchon en tête : laisse le PS exister, mais pas trop. Ne pas prendre le risque que le PS se retrouve avec plus de députés que nous.

Le déjeuner Mélenchon-Faure s'est éloigné à toute vitesse. On ne va plus trop parler de la recomposition de la gauche, d'alternance immédiate à la Macronie et de grand tournant de l'histoire politique, on va plutôt pinailler pour la 2e circonscription du Gers.

Pierre Jouvet se lève, un sourire en zigzag : « Ben écoutez messieurs, si c'est comme ça, on va y aller. » Le PS annonce à la mi-journée la « suspension » des négociations, la direction du parti dénonce les attitudes « hégémoniques » de LFI. Une aubaine pour Vincini qui devait être à Toulouse pour son enterrement de vie de garçon depuis la veille, qui n'avait pas prévu suffisamment de vêtements de rechange, qui n'a plus rien à se mettre et est obligé de payer le pressing, très cher, de son hôtel du 7e arrondissement.

Samedi 30 avril

« Manu, il y a un truc qui ne va pas le faire. Tu me prends pour un con, en fait. » Il est 3 heures du matin. Pierre Jouvet est épuisé. Il a encore la force d'un rictus.

Jusqu'ici, dans la grande salle de réunion, Pierre Jouvet n'avait pas ouvert pas la bouche. Manuel Bompard pas beaucoup plus. Journée de tension maximale. Les clarifications programmatiques sont sur le point d'être surmontées, reste l'insoluble dossier de la répartition des circonscriptions. C'est aussi complexe qu'un nœud autoroutier californien. Une bataille de chiffonniers. La moindre déclaration malheureuse peut tout faire capoter. Alors, pour éviter les pollutions journalistiques, les discussions passent en mode furtif. Entrée dans la boîte noire. La réunion matinale avec LFI n'est pas plus productive que celle de la veille.

Olivier Faure rajoute un ingrédient, il dépêche Maxime des Gayets. Celui qui a fait trotskisme seconde langue et qui connaît à peu près tout le monde dans la pièce. Mais pour l'instant, on bute, encore et toujours, sur la même clé de répartition : 31-130. Bompard reste sur sa ligne : premier arrivé, premier servi. Toper avec le premier pour coincer les autres. Il sait que l'un des trois voudra dealer en premier pour avoir les meilleures circonscriptions. Il n'a aucune raison de favoriser l'un plutôt que l'autre. Il est très tranquille. Jouvet reste sur sa position. Il vient de parler avec Olivier Faure : « Ne lâche rien. Ils nous payeront le prix qu'on veut. » Bompard toise Jouvet : « Vous voulez toujours 150 circos ? Et pourquoi pas 200 pour les écolos alors ? On est où là ? » Dialogue de sourds, exaspération et fatigue, tout le monde a une campagne présidentielle dans les pattes. Même Paul Vannier émet un doute sur la faisabilité de la grande affaire. On frôle le point de non-retour.

On se quitte aussi vite qu'on s'est retrouvés. On a prévu de se revoir. Plus tard. En attendant, Pierre Jouvet et sa petite bande entament la tournée des bars pour faire le point. Investir une arrière-salle pour être tranquille à l'abri des regards. L'heure du déjeuner encombre les cafés, il faut déménager sans cesse. Ça mouline. Ils ne sont pas d'accord entre eux. Laurent Baumel, le plus Insoumis-compatible, est prêt à toutes les concessions. C'est Manuel Bompard qui appelle Pierre Jouvet au téléphone : « Je vous fais une proposition à 50 circos. » Pierre Jouvet : « À ce tarif-là, on ne se déplace pas. »

Ils finissent par échouer dans les bureaux de Luc Broussy, près de la place de la Bastille.

Un tableau barbouillé au feutre Velleda immortalise le brainstorming : 110 circos pour le PS. 95 pour EELV. 55 pour le PCF. 286 pour LFI, soit 52 %. Une offre qu'ils ne pourront pas refuser.

Interruption de séance. Une visioconférence est prévue à l'initiative de Fabien Roussel, avec Julien

Bayou et Olivier Faure. « Il faut vraiment qu'on se mette d'accord pour ne pas négocier individuellement avec LFI. Ok ? » L'écologiste est le plus véhément. « Il faut qu'on la joue collectif face à Bompard. Qu'on soit solidaires. Qu'on lui tienne la dragée haute tous ensemble. Si on reste groupés, ils vont être emmerdés. Il ne faut rien lâcher. À la vie, à la mort. On ne signe jamais sans se le dire les uns les autres. » À la vie, à la mort. Attendons le lendemain…

On revient au passage Dubail à 17 heures. Sébastien Vincini est enfin reparti à Toulouse en chaussettes propres. Il est persuadé qu'il n'aura plus à revenir. Carlos Da Silva s'invite à sa place. Le directeur de cabinet d'Olivier Faure est l'ancien porte-flingue de Manuel Valls. Il a une tête de porte-flingue. Quand il veut obtenir quelque chose, il se met à parler comme dans un polar de série B. Rapport de force, coups de bluff, coups de pression et regard noir. Paul Vannier est tout aussi arrogant. Toutes les deux minutes, il actionne une sonnerie de rappel lugubre : « 1,75 %. 1,75 %. Vous avez fait 1,75 %. » Histoire d'intégrer une fois pour toutes qu'ils sont devenus presque négligeables. « Avec nous, vous pouvez enfin faire de la politique, non ? » Bompard recule dans son siège : « C'est pas ce que Paul voulait dire… » Vannier insiste : « Vous pouvez enfin écrire une nouvelle page de votre histoire. Pas mal, non ? » Da Silva : « Tu vas nous parler autrement. T'étais pas né qu'on faisait déjà de la politique. »

Da Silva est là moins pour essayer de débloquer une situation générale que pour dégoter sa propre investiture en Seine-Saint-Denis. La ficelle est un peu grosse, Bompard le regarde de travers. Da Silva sent à la seconde qu'il est tombé sur le shérif et qu'il repartira couvert de goudron et de plumes. Da Silva se lève, théâtral. « Si c'est comme ça, on s'en va. » Il est tout seul à repousser sa chaise. Il va quitter la pièce, mais il a oublié quelque chose. Bompard fait un grand sourire : « On veut bien que tu t'en ailles, mais en fait, je crois que t'as oublié ton sac. »

Quand la tension monte trop entre les participants, Manuel Bompard lève la tête et balance un léger coup de menton, presque imperceptible pour les autres, sauf pour Pierre Jouvet, assis en face de lui. Le signal qu'il est temps de s'isoler. Loin du théâtre et des postures de la réunion plénière.

Ils se parlent cash. Le feeling passe de mieux en mieux.

Pierre Jouvet : « Manu, il y a deux choses que je sais faire : jouer au foot et compter. » Il dessine un terrain de foot sur une feuille de papier. « Si tu prends les trois quarts du terrain, ça ne va pas marcher. Tu ne peux pas vouloir 70 % ou 80 % du terrain de foot. Ton équipe va être déséquilibrée. »

Mais ce qui semble être acquis en tête en tête est défait en réunion plénière quelques heures plus tard.

Jouvet a la voix sèche et le visage contracté : « Manu, il y a un truc qui ne va pas le faire. Tu me prends pour un con, en fait. »

« Qu'est-ce que vous pouvez espérer ? »

« Vous êtes au souk ou quoi ? Je ne partirai pas de cette pièce tant que je n'ai pas obtenu ce que je veux. »

« Mais vas-y Pierre ! Sortez ! Et tu vas dire quoi à la presse ? Qu'on a fait capoter le rassemblement de la gauche française pour trois circos ? »

Jouvet désigne une affiche du leader Insoumis punaisée sur un mur : « Et toi, tu vas dire que ton patron ne va pas être Premier ministre pour trois circos ? J'ai tout le temps qu'il faut. »

L'heure de Maxime des Gayets. Il a une idée. Il essaye d'être drôle.

« En fait, je pense que c'est impossible que LFI n'obtienne pas 51 % des circos. Si vous avez moins, c'est un scandale. Jean-Luc Mélenchon doit être Premier ministre et doit donc être majoritaire à l'Assemblée. »

Surprise. Manuel Bompard lève un sourcil. Ses algorithmes mentaux tournent à plein régime : « Qu'est-ce qui vous paraît le plus raisonnable comme répartition entre nous et l'ensemble des autres ? Si je vous dis qu'on représente 70 % ? »

« Vous êtes toujours hégémonique. Donc, ça ne va pas. Plutôt que de se crêper le chignon pour se répartir les circos, il faut se poser cette question fondamentale : quelle doit être la configuration de la coalition ? À quoi ça doit ressembler ce truc ? Si vous vous octroyez 90 %, ce n'est plus une alliance. Il faut construire un ensemble. »

Grand silence de Bompard. « Intéressant… On suspend la séance. »

Des Gayets modifie le terrain de jeu, il change de paradigme, il débloque tout. La négociation est tourneboulée, dénouée. LFI sera majoritaire, mais devra laisser de la place.

On aboutit sur un ratio 60 pour LFI et 40 pour le reste qui paraît « raisonnable » à tout le monde.

Reste à savoir comment faire entrer l'édredon dans la valise. Comment se répartir les 40 % restants entre les socialistes, les Verts et les communistes qui ont intérêt à rester très unis dans la bataille.

Dimanche 1er mai

Sous le chaud soleil de la fête du Travail, Jean-Luc Mélenchon et Olivier Faure se plient à une poignée de main très photogénique. Tout est organisé et synchronisé lors du défilé symbolique, évidemment. Même si Fabien Roussel est à Lille, il est toujours fâché avec Jean-Luc Mélenchon, et si Julien Bayou fuit ce nouveau moment fondateur. Olivier Faure le guette partout dans la foule, en vain, introuvable. Et pour cause…

À l'ombre du cortège, Manuel Bompard a décidé : c'est aujourd'hui qu'on tombe d'accord avec les Verts. Depuis deux jours, les écologistes n'en finissent plus de tergiverser. Ils continuent de susciter des rendez-vous qu'ils annulent au dernier moment.

Manuel Bompard appelle Julien Bayou : « Tu vas pas nous faire le coup du rendez-vous manqué une troisième fois ? C'est ce soir ou jamais. Ce soir, c'est ce soir. Et si ce soir, ce n'est pas signé, demain, il y a un communiqué qui sort pour dire que vous n'avez pas voulu de l'accord. »

Cette fois, Julien Bayou a bien compris. Les avancées entre le PS et les Insoumis le convainquent qu'il ne faut pas trop tarder, au risque d'étirer l'élastique de la lassitude de Manuel Bompard un peu trop fort. Il y a aussi l'hypothèse selon laquelle le PS signe avec LFI avant eux. Bayou fait à Bompard : « Ok. Il me faut une demi-heure pour en discuter avec mes camarades. »

Julien Bayou respecte les statuts tatillons de son parti en faisant voter son conseil fédéral. Ce sera une formalité, même si les minoritaires du parti des Verts s'aperçoivent que Bayou les a bernés dans les grandes largeurs. Les deux hommes topent. On se revoit ce soir, passage Dubail, pour signer.

Souvenons-nous : la veille, Julien Bayou demandait à Olivier Faure et à Fabien Roussel de « tenir ensemble » face à l'ogre Insoumis. À la vie à la mort. Julien Bayou a peut-être une mémoire très courte ou défaillante. Il ne prévient personne.

Pierre Jouvet a comme un mauvais pressentiment partagé par Olivier Faure depuis la veille : « Je ne le sens pas Bayou. » En fin d'après-midi, Jouvet appelle Pierre Lacaze, le négociateur en chef du PCF : « T'as confiance en Bayou, toi ? » Bof.

Il appelle Léa Balage, future députée Verte. Elle ne répond pas.

Il appelle Olivier Faure : « Je crois qu'on est en train de se faire enfler. »

Olivier Faure appelle Julien Bayou qui ne répond pas.

Pierre Jouvet appelle Bruno Bernard. Un silence. Avant de vendre la mèche : « Oui… Ils sont en train de discuter. »

Pierre Jouvet parvient à joindre Léa Balage. Elle est étrange au téléphone, ça n'a rien de surprenant. Si elle est un peu embêtée, c'est qu'elle se trouve au siège de LFI mettant la dernière main à l'accord entre les écolos et les Insoumis.

Les écolos sont donc les premiers à conclure. Ils seront présents dans 100 circonscriptions. Ce qu'il faudra valider avec les autres. Ils se sont mis d'accord avec les Insoumis sur le nom de la bannière commune : la Nouvelle Union populaire écologique et sociale. Ils ont accouché d'une formulation destinée à mettre tout le monde d'accord sur le plus gros point de crispation : l'Union européenne. « Il nous faudra être prêts à désobéir à certaines règles européennes dans le respect de l'État de droit. »

Ils n'ont pas prévenu leur copain. Mais même après un coup de vache aussi grossier, rien ne peut plus arrêter la machine de l'accord collectif lancée à pleine vitesse. Manuel Bompard appelle Pierre Jouvet : « Mais vous faites quoi ? Tu sais qu'on a signé avec les Verts ? »

« On se revoit lundi. »

Dans la nuit de dimanche à lundi, Pierre Jouvet multiplie les SMS à Sébastien Vincini qui sort de boîte de nuit. Son enterrement de vie de garçon n'en finit pas. « Il faut que tu remontes à Paris. On reprend demain avec LFI. » Sébastien Vincini n'est pas complètement à jeun, il va mettre un certain temps à comprendre de quel jour il s'agit. Mince alors, il parle de quel demain, Tic ? Du demain de tout à l'heure ? De lundi matin ?

Lundi 2 et mardi 3 mai

C'est un seul et même jour, il n'y a pas de nuit entre les deux.

Pierre Jouvet attrape le Valence-Paris de 6 h 33. Il vient de passer quelques heures avec son jeune fils dans le jardin de la maison. Un bol d'air euphorisant, une grande inspiration avant une plongée en apnée qui va durer cinquante-huit heures. Il franchit l'épais cordon médiatique du passage Dubail à 9 h 30. Dans la salle de négociations, des ordinateurs, un grand écran, et un volume de circonscriptions à finir de négocier. La difficulté mathématique reste insoluble. 577 circonscriptions ôtées des 100 circonscriptions déjà acquises, a priori, par les écolos. On attaque le plus sensible du nerf de la guerre. Plus on s'avance vers la sortie, plus la tension fonce vers les sommets.

Le PS en veut toujours 130. Manuel Bompard ne veut toujours rien entendre. Allez, il concède une rallonge, un petit os, un hochet : 5 de plus. Le PS ressort son argument fatal : « Impossible, ça ne passera pas chez nous. Et tout le monde va y perdre car il n'y aura pas d'accord. » Alors, on essaye plutôt d'avancer sur le programme commun. Le principe d'un intergroupe pour mener des batailles main dans la main à l'Assemblée nationale est acté. Réglés aussi : l'abrogation de la loi travail dite El Khomri, l'augmentation du smic, le blocage des prix de première nécessité, la planification écologique, la fin de la monarchie présidentielle avec la VIe République...

Restent les points de désaccords : le nucléaire, l'Europe... Où placer le curseur de la désobéissance ? Ça se crispe sur les mots à employer. Un sac de nœuds en fer forgé. Christophe Clergeau, proche conseiller d'Oliver Faure, et Clémence Guetté, proche conseillère de Jean-Luc Mélenchon se lancent dans un débat sur la Sécurité sociale, son déficit et son financement. Des heures sur l'âge pivot de la retraite. Puis sur le chiffrage précis du programme commun. Bompard et Jouvet sont largués, ils étouffent, ce sont des politiques, des pragmatiques, pas des théoriciens.

Le PS menace encore de quitter la table. À midi, Pierre Jouvet demande une suspension de séance. À 14 heures, il fait venir Olivier Faure. Jusqu'ici, le premier secrétaire s'était tenu loin de l'impasse Dubail. Il en ressort, les caméras frétillent : « Je suis venu rappeler les exigences du PS, on joue une grosse partie. Il faut qu'on garde un équilibre. » Et d'ajouter : « Soyez patients, c'est une discussion longue. On n'a pas de calendrier préfixé » car il faut « construire quelque chose de solide » et non « d'improvisé ». Ça pourrait durer jusqu'à la saint glin-glin, pourquoi pas jusqu'à la fin des temps. Puis, les représentants des partis défilent les uns après les autres. Ceux du PCF étaient attendus à 14 heures. À cause des prolongations avec les socialistes, ils attendront jusqu'à 22 heures.

On alterne les petits plaisirs, on revient aux circonscriptions. Tout part de là, tout y revient. Jouvet à Bompard : « Je veux que tu me fasses une proposition circo par circo, avec chaque nom. Ça peut aller vite comme ça. » Les Insoumis s'enferment dans un bureau. Ça leur prend deux heures. Ils tendent la feuille à Jouvet. Qui s'isole à son tour avec sa petite équipe. Ça leur prend quatre heures. Ils changent 60 % des circonscriptions. Ils travaillent sur un quota de 80. Mais dans un sens assez inattendu. Jouvet voit que Bompard « bugge » quand il parcourt la nouvelle feuille. En fait, Jouvet a ajouté 40 circonscriptions, mais dans la tranche 100-200, les fiefs moins gagnables que ceux de la première tranche. C'est un risque électoral. Mais qui fait prendre soudainement conscience à Manuel Bompard que le PS pense que l'alliance peut gagner. Cela va au-delà du bluff stérile. On va bien finir par s'entendre.

Manuel Bompard estime même que sa négociation avec les socialistes est suffisamment sécurisée pour faire entrer les communistes et les écologistes dans la danse finale. Première réunion à quatre. Manuel Bompard est sûr de son coup. L'éventuel front uni contre les Insoumis est un souvenir. Durant les heures qui suivent, devant les journalistes qui ont formé un siège, des écolos débarquent, des communistes repartent, des socialistes reviennent.

Se répartir les 40 % restants. Il faut procéder à des ajustements, les écologistes et les communistes devront rogner sur leur quota de départ pour faire de la place aux socialistes. Les Insoumis devront faire quelques concessions. Forcément, à un moment, ça s'accélère. LFI fait une proposition aux communistes qui font mine de lever le camp. Un socialiste s'en mêle, dénonce ses camarades : « Depuis le début, vous vouliez une réunion à quatre. Avec une entente à trois contre LFI. Et maintenant, vous pinaillez ? » Ça tape dur sur les communistes. Ils jouent leur va-tout. Ils ont besoin d'un minimum de candidats pour déclencher le financement public, c'est une question de survie financière. Ils ergotent sur des circonscriptions improbables, car proprement ingagnables. La Baule, Arcachon, la Corse… Mais les communistes n'ont plus le choix de rien, ils rejoignent officiellement la Nupes dans la soirée. L'accord prévoit 50 circonscriptions pour les communistes, de quoi assurer *a minima* la réélection de leurs 11 sortants. Ils n'auront pas de groupe à l'Assemblée. LFI a voulu les humilier.

Avec les Verts, c'est toujours aussi peu linéaire. Chaque liste nominative doit être soumise au conseil national d'EELV. Les combines supposées de Julien Bayou mettent son parti en feu. Tous les proches de Bayou seront investis alors que les « jadotistes » sont évincés. Les minorités écologistes crient au scandale de démocratie interne. Les Verts s'engueulent devant tout le monde, les interruptions de séances s'enchaînent.

Les négociateurs de chaque parti n'ont plus le temps de revenir à leur QG rendre compte. LFI octroie un espace à chacune des organisations. On ouvre une porte, on tombe sur la délégation PS, sur la délégation Verts, PC… qui font un point entre eux. Avant de se retrouver autour de la grande table. Dans la journée, on est en réunion plénière la moitié du temps. On fait une proposition, on suspend pour examiner la proposition, chacun dans son coin. On prend deux autres heures pour faire une contre-proposition. À ce rythme, il est rapidement 3 heures du matin.

On dort quelques minutes sur le sol ou sur des chaises. On fait des micro-siestes comme des navigateurs au grand large. Les médias font le pied de grue, impossible de sortir du siège sans être vus et engloutis par les micros. On reste confinés. LFI n'avait pas prévu de café, ni d'eau, ni de plateaux-repas. Méthode dure de négociations. Alors, ce sont les « invités » qui commandent des pizzas et des sushis. À l'étage, ça sent de plus en plus le vestiaire d'après match. La salle principale de négociations est à double exposition. D'un côté, une fenêtre donne sur l'impasse et les journalistes, alors personne ne s'en approche pour ne pas être vu ; de l'autre, la cour intérieure et une fenêtre, une seule, pour fumer.

Mardi, fin d'après-midi, on planche encore sur le programme. L'accord législatif consiste à ce stade en une liste de propositions. Mais pour propulser Mélenchon derrière la gauche unie, à Matignon, il faut un projet de gouvernement le plus complet possible. Le sujet épineux, toujours : l'Europe. Martine Aubry multiplie les messages et les appels à Olivier Faure ou Pierre Jouvet. Il ne faut rien lâcher. Un peu plus loin, il y a un bruit de fond, persistant, irritant : Carole Delga et François Hollande, qui sentent poindre l'issue, les accusent de brader cent ans d'histoire pour un groupe de quinze députés à l'Assemblée. Cet embryon de nouvelle gauche plurielle ? Trop de stratégie, trop de théâtralité, trop de cinéma, trop de maquillage… Une montagne d'artifices. Que deviendra un PS, désormais corrompu, quand elle ne manquera pas de s'écrouler ?

Alors, dans un essaim de détails, les deux camps trouvent un terrain d'entente en actant, noir sur blanc, une mésentente. Ils rédigent à huit mains les termes exacts : « Du fait de nos histoires, nous parlons de désobéir pour les uns, de déroger de manière transitoire pour les autres. La mise en œuvre de notre programme partagé conduira nécessairement à des tensions, à constater des contradictions. Mais nous visons le même objectif : être en capacité d'appliquer pleinement le programme partagé de gouvernement et respecter ainsi le mandat que nous auront donné les Français. » L'accord programmatique est conclu entre LFI et le PS. 650 propositions pour une cohabitation à venir.

Retour aux circonscriptions. Ça bloque toujours sur le package final. Ça coince à 65 pour le PS qui essaye de grappiller. Jouvet n'en peut plus de mettre en garde ses homologues, toujours la même rengaine : « Si vous nous donnez trop peu de circonscriptions, l'accord sera retoqué lors de notre conseil national. » Une réunion parallèle décisive se tient hors de la salle officielle. Essayer de se partager les ultimes circonscriptions, les plus problématiques. « Vous le savez depuis le début, ce sont des circonscriptions qu'on ne lâchera jamais. » Entre Bompard, Vannier et compagnie d'un côté, Jouvet, Vincini, Da Silva et des Gayets de l'autre, on ne s'envoie plus du tout de petits poèmes sucrés à la figure. Ce sont plutôt des vagues écumantes qui s'engouffrent. Même entre Jouvet et Bompard, c'est soudain beaucoup moins fluide. On est épuisés. À 2 h 15, certains socialistes, postés à la lisière des négociations, reçoivent un SMS décourageant : « A priori, c'est mort, vous pouvez aller dormir. Il n'y aura pas d'accord cette nuit. » L'Insoumise Manon Aubry tweete dans le même sens. L'impasse se vide comme un lavabo. Plus de journalistes dans les parages. Insoumis et socialistes continuent à discuter, pour la forme…

Il est plus de 2 heures du matin. Les Insoumis en sont encore à mesurer la part de chiqué chez les socialistes qui reviennent toujours à ce fichu conseil national qui doit tout avaliser. Ils se parlent à voix basse : « On leur en donne 70 pour calmer les râleurs de chez eux ? » Les socialistes les interrompent : « On va vous laisser réfléchir, on doit parler à Olivier Faure. On doit faire un point. » Les Insoumis ont le nez dans les tableaux de répartition : « OK, ok, à tout de suite. » Olivier Faure s'est installé dans un café de la place de la République depuis minuit pour se rapprocher du cœur du réacteur. Il est tenu au courant des avancées à la minute près.

En attendant, les émissaires Insoumis rejoignent Mélenchon qui attend le verdict dans son bureau. Pour un énième débriefing. Mélenchon visualise la ligne de crête : leur donner suffisamment, mais pas trop. L'Insoumis en chef s'amuse et s'agace : au PS, c'est comme chez les Verts, il leur faut des plombes pour prendre une décision. Chez eux, c'est plus simple, il n'y en a qu'un qui décide. Au bout de dix minutes, Mélenchon s'inquiète : « Hé ! Ils vous attendent peut-être. Retournez-y ! »

Vingt secondes plus tard, Bompard et compagnie reviennent dans le bureau du patron, tout blancs. Les socialistes ont fichu le camp. Plus personne au siège. Où sont-ils passés ? Pour les socialistes, il était évident qu'ils avaient fait comprendre à leurs homologues qu'ils devaient quitter le siège pour rejoindre le premier secrétaire, trois cents mètres plus loin. Pour les Insoumis, un simple coup de fil à Faure suffisait, aucune raison valable de filer à l'anglaise. Un quiproquo qui menace de tout ficher par terre. Mélenchon est furieux. Soufflante à ses lieutenants. Il faut reprendre fissa les contacts par téléphone. Bompard appelle Jouvet.

Jouvet ne répond pas. Ils sont sortis par une porte dérobée et ont rejoint Olivier Faure, place de la République, devant le McDonald's. Ils tournent un peu dans le quartier à la recherche d'un bar de nuit. Bredouilles. Faure propose de retourner à Ivry. « Non » unanime. On résume la situation debout sur le pavé. Deux jours que Jouvet ne quitte plus ses chaussures de ville, lui qui passe son temps en baskets. Mais il faut être chic devant les caméras. Diagnostic : inflammation de la voûte plantaire. Vincini est au bord de l'épuisement de ses ressources, il voudrait s'asseoir : « Paris la nuit, ce n'est plus ce que c'était. » Faure est toujours aussi calme : « Pas d'inquiétude. Nous sommes allés tellement loin que nous ne pourrons pas revenir en arrière. Le processus est irréversible. Personne ne pourra expliquer que tout a capoté à cause de quelques circos. Alors, cet ultimatum viriliste, ça ne vaut pas grand-chose. En revanche, comme le compte n'y est pas, on va se coucher. » Vincini prend un taxi, direction son hôtel. Les négociateurs, enfermés depuis des heures, ne mesurent pas tout à fait l'ampleur de l'écho médiatique du feuilleton qui se joue. À un feu rouge de la rue de Lille, son chauffeur se retourne : « Vous êtes bien un des négociateurs de la gauche ? Ne lâchez rien… Cet accord, il le faut. »

Maxime des Gayets et Thibault Delahaye, proche conseiller d'Olivier Faure, se retrouvent chez les premiers près de Châtelet. Trop envie de boire un coup. Jouvet accompagne Faure chez lui, près de la gare de Lyon. Ils sont vautrés dans le salon du premier secrétaire, chacun dans un canapé. Faure dit à tout le monde de laisser son téléphone en mode sonnerie avant de s'endormir, on ne sait jamais. Il fait bien, Bompard, Mélenchon et les autres sont restés au siège, se demandant comment ils vont faire revenir les socialistes.

Bompard appelle Jouvet à 3 heures : « Si à 4 h 15 vous n'êtes pas revenus… Sinon, on ne conclura jamais. »

« Tu me laisses dormir une heure. » Et il raccroche.

Quinze minutes plus tard, nouveau SMS de Bompard : « On va vous faire une proposition que vous ne pourrez pas refuser. »

« Envoie-la par SMS. »

« Jamais. Vous revenez maintenant. »

Jouvet et Faure réveillent les autres. Jouvet rappelle Bompard.

Retour impasse Dubail vers 5 heures. Un vent brûlant se lève. Explications de haute intensité sur ce coïtus interruptus. Tout le monde s'emporte, on ne se parle pas bien du tout. Le sol résonne sous leurs pieds.

Vannier : « Pourquoi vous vous êtes barrés ? Vous vous prenez pour qui ? »

Vincini : « Vous voyez le diable là où il n'existe pas. » Il enchaîne mezza voce, mais tout le monde l'entend : « C'est qui celui-là qui nous parle n'importe comment ? Il s'appelle comment déjà ? »

Da Silva enchaîne comme avant le duel final d'*OK Corral* : « Ça va être vite fait. Toi, soit tu baisses d'un ton, soit on va s'expliquer dehors. Y a personne dans la cour et je vais te dire comment ça se passe. » Tout le monde se lève. Jouvet et Bompard se regardent : si ça continue comme ça, elle va avoir une drôle de tête cabossée la future Nupes. Jusqu'au bout, triturer le point de l'angoisse.

On se rassoit et le PS décroche la timbale. Il récupère dix circonscriptions sur le fil. Les SMS partent à 6 h 52. « C'est bon. » « On signe. » Pas de document officiel, pas de traité paraphé sous les sceaux des belligérants. On se met juste d'accord. Subsiste un papier avec toutes les circonscriptions attribuées. 326 pour les Insoumis, 100 pour les écologistes, 70 pour les socialistes, 50 pour les communistes.

Le communiqué de presse envoyé dans la foulée vaut acte de naissance de la Nupes. C'était peut-être aussi simple que ça.

Mercredi 4 mai

Adrien Quatennens, principal lieutenant de Jean-Luc Mélenchon, est l'invité de la matinale de France Inter, tranche d'infos star aux courbes d'audience vertigineuses. Il a été convenu d'officialiser l'accord. Il a également été convenu que des éléments de langage très précis devaient être respectés. Le député nordiste, et les Insoumis en général, doivent faire profil bas. Interdits les dérapages d'autosatisfaction trop prononcés, proscrits les « on les a pliés les socialos et les autres ». Il ne faut pas mettre en péril le vote du conseil national du PS qui a lieu le lendemain soir.

Pierre Jouvet connaît un gros moment de fatigue. Maintenant, il faut répondre aux dizaines de SMS en souffrance de ses copains qui sont prêts à se lancer dans la campagne des législatives, mais qui ne savent pas encore qu'ils ont été sacrifiés. Des SMS en souffrance auxquels il ne répondait pas. Un dernier calcul : il a deux heures de sommeil avant que son téléphone n'explose. Il se réveille. Des dizaines d'appels en absence. Martine Aubry, tous ses potes, tous les autres. Autant de SMS interrogatifs : « À qui avez-vous donné les circonscriptions ? » Pierre Jouvet a compté, il a passé plus de six heures au téléphone. Il est obligé d'aller s'acheter une batterie externe. Il se donne jusqu'à midi pour prévenir ceux qui ne sont pas investis.

… Qui ne sont que des dépités qui l'insultent. Sur 577, ils ne sont plus que 70, un carnage. Il appelle ses vrais amis en dernier. Floran Vadillo qui pensait être investi en Dordogne : « J'irai jusqu'au bout. Vous m'avez trahi. » Jouvet se rassure, un peu : les communiqués de presse et les tweets affluent, l'effet de souffle de la nouvelle alliance l'emporte sur les destins individuels. Il sent des courants d'air chauds le traverser, l'émotion de la certitude que, désormais, tout va bien se passer.

En début d'après-midi, il appelle Olivier Faure. « Ça va ? » Il y a un grand silence. « Pierre, je crois qu'on va être minoritaires au conseil national. On va devoir démissionner. » Dans son TGV, Pierre Jouvet est KO.

Jeudi 5 mai

Les pèlerins socialistes sont en passe de franchir les portes de Jérusalem. Mais il reste une dernière station avant la délivrance. La délivrance, ou tout ce qui précède n'aura strictement servi à rien. À 19 heures, le conseil national (CN) du PS doit entériner ou invalider l'accord. Un vote majoritaire est indispensable. Deux camps qui s'affairent. Le camp du courant minoritaire l'est de moins en moins. Debout les socialistes !, c'est son petit nom, tient tête à Olivier Faure depuis des semaines. La cheffe de file de ce nid de crotales hystériques s'appelle Hélène Geoffroy, elle est maire de Vaulx-en-Velin, à la fois bavarde et dotée d'une élocution particulièrement alanguie. Les journalistes, craignant la discussion interminable et stérile, s'y reprennent à deux fois avant de se résoudre à composer son numéro. C'est sans doute dommage, mais c'est comme ça.

Un troupeau d'éléphants s'ébroue en coulisses. Ils sont devenus aussi difficiles à contrôler qu'une escouade de Hell's Angels. L'accord avec LFI ? Une « soumission », une « reddition », un « naufrage », une « escroquerie », une « disparition », une « infamie sans nom », la plus grande anomalie de l'histoire du parti. Même Patrick Kanner, le patron des sénateurs socialistes, en bégaye : « Ce soir, on risque d'adouber une orientation politique pour laquelle aucun militant n'a été consulté. On a signé n'importe quoi sur le plan politique. Que des trucs d'appareil. Parce que Faure n'a qu'un but : garder un groupe à l'Assemblée pour se sauver la cerise. Et moi, je dis : tout ça pour que Jean-Luc Mélenchon se représente… Mélenchon qui force la main de ceux qui sont dans le trou. Ça va être l'hégémonie insoumise. »

Ces vieux routiers de la politique déversent leur hargne sur des ondes qui leur sont ouvertes. Jean-Christophe Cambadélis, le prédécesseur d'Olivier Faure à la tête du PS : « Le PS s'est vendu pour un plat de lentilles. On a vendu notre âme pour quelques circonscriptions. Cet accord ne sera pas durable et ne tiendra pas. Il signifie la sortie de l'Europe, la sortie de l'Otan et la sortie de l'OMC, il transformerait la France en Corée du Nord. » François Hollande récuse « l'accord sur le fond et les circonscriptions ». Bernard

Cazeneuve rend sa carte du PS. « Nous n'avons rien à faire avec cette manière d'aborder les choses, cette violence, cette insulte, toujours présente à la commissure des lèvres. »

Olivier Faure n'en démord pas : ces types ne supportent pas que le parti ne leur appartienne plus. Mais ses certitudes ne changent rien. Le vote sera très, très, juste. Une course contre la montre vient de s'engager. Patrick Mennucci, ancien député marseillais, véritable cheville ouvrière de Debout les socialistes !, est en short dans son jardin de Labenne, frontière Landes-Pays basque, il passe des cageots de coups de fil. « Demain soir, il faut faire tomber Olivier Faure. Demain soir, il faut voter contre l'accord. »

À Paris, Pierre Jouvet ne tient pas bien sur ses jambes. Alexande Ouizille, un jeune et proche conseiller, est en vacances en Sicile. Il reprend le premier avion : « Pierre, t'as pas fait tout ça pour être minoritaire. Tu dors pendant deux heures, j'arrive et on s'y remet. » Jouvet actionne une petite équipe en coulisses. Baptiste Maurin et Thibault Delahaye font du porte-à-porte téléphonique pour convaincre un maximum de votants du conseil national. Appeler fédération après fédération. Les agripper pour ne plus les lâcher : « C'est quoi l'alternative ? Le saut dans le vide ! » Le répéter mille fois.

Carole Delga et Anne Hidalgo téléphonent tous azimuts pour faire annuler le mariage contre nature de la Nupes. La maire de Lille, Martine Aubry, hésite. En 2005, lors des débats sur le référendum du traité européen, elle voulait exclure Jean-Luc Mélenchon qui appelait farouchement à voter non. Cette fois, pour la maire de Lille, il s'agit de sécuriser la circonscription de l'un de ses adjoints, Roger Vicot. Elle se rangera derrière Olivier Faure. C'est le point de bascule. À seulement six heures de l'ouverture du conseil national.

Dans le même temps, en coulisses, Rémi Féraud et Patrick Bloche, des proches d'Anne Hidalgo, jouent les émissaires entre la direction du PS et l'Hôtel de Ville : « Anne, tu ne peux pas être dans une posture d'opposition. » Derrière les grandes tirades, on finit toujours par s'arranger. Finalement, la maire de Paris indique, dans un communiqué, que, malgré les « désaccords profonds », elle ne souhaite pas « empêcher » l'accord. Elle s'abstiendra. La voie est libre pour la Nupes, tandis que, désormais, le pouvoir de nuisance de la maire de Paris est proportionnel à l'air qu'elle brasse.

Tout le monde rentre dans le rang. Plusieurs maires de grandes villes soutiennent l'accord. Johanna Rolland, maire de Nantes, qui a dirigé la campagne d'Anne Hidalgo, Benoît Payan, maire de Marseille, Mathieu Klein, maire de Nancy, se couchent.

Ouverture de séance à Ivry. On n'avait pas vu autant de journalistes devant le siège du PS depuis, sans doute, la défaite de Lionel Jospin le 21 avril 2002. Une bonne partie des 303 membres du conseil national est présente. Plus de 5 000 personnes suivent le discours préliminaire d'Olivier Faure. Son fauteuil de premier secrétaire est installé sur les braises. Il dégaine le discours de sa vie. Il est en train de fracturer le PS, mais il va au bout d'une intuition qui l'obsède depuis quatre ans : le salut du PS passe par le rassemblement.

« C'est un moment de clarification, ce vote dit à quel espace politique nous appartenons, à gauche. Mitterrand, c'était ça la radicalité, et pourtant nous l'avons fait », s'exclame Olivier Faure. « À force de dire que nous sommes un parti de gouvernement, nous pouvons oublier nos propres racines, qui sont en partie dans la radicalité. Le PS s'était allié en 1974 au PCF, alors que les communistes soutenaient encore à l'époque l'URSS. Les gauches étaient encore plus irréconciliables qu'aujourd'hui et pourtant elles se sont unies ! »

Hélène Geoffroy : « L'accord que vous avez négocié demande de nous excuser, de faire repentance, de nier une partie de notre histoire. » Le sénateur du Val-d'Oise Rachid Temal, tonne et prépare le terrain des futurs candidats dissidents qui ne manqueront pas de se déclarer après ce soir : « Il va falloir que Jean-Luc Mélenchon accepte l'insoumission. Soyez candidats si vous le souhaitez, c'est ça l'insoumission. »

La députée Christine Pirès-Beaune confie être « triste ce soir. On n'a pas pu imposer un accord meilleur que celui-là mais elle est où l'alternative ? C'est le cœur serré que je vous dis que je voterai cet accord ».

Les débats durent quatre heures. Le conseil national du PS adopte à 62 % jeudi soir l'accord, les compromis passés sur les circonscriptions, le programme et la stratégie. 167 voix pour, 101 contre, et 24 absentions. Olivier Faure et Pierre Jouvet se regardent. Cette victoire, c'est le second monument de leurs nuits héroïques. Jean-Luc Mélenchon se regarde. La Nupes est née et c'est comme s'il venait de remporter le premier congrès PS de sa carrière politique.

Vendredi 6 mai

Tout le monde fait dodo.

Samedi 7 mai

Le bout du voyage ?

Aubervilliers à midi. Quartier des docks, une enfilade d'entrepôts mochards et impersonnels. Sûrement pas le lieu le plus glamour pour une journée gorgée d'histoire, pour l'édification d'un moment politique désiré impérissable. La Nupes scintille en quadrichromie pour son premier rassemblement. Une constellation dont la couleur générale tire vers le rouge. Une lueur aveuglante ?

Une béatitude générale, des flashes lumineux qui figent une petite bulle de fantasme politique. Mais les lumières peuvent être aussi fragiles qu'un rêve. On tente de trouver les mots qu'il faut. « C'est une journée inimaginable. » « Nupes for ever ! » « Hors de la Nupes, point de salut. » Des gros badges Europe Écologie-Les Verts, des drapeaux La France insoumise, des communistes qui escortent un premier secrétaire socialiste. On se donne un air de famille, on se veut des gens du même monde, faits les uns pour les autres, uni comme les quatre doigts de la main.

Sur la grande scène, devant 4 000 personnes, toutes les têtes pensantes des quatre partis rassemblés qui partagent l'exubérance de leur exploit. Au pupitre, Jean-Luc Mélenchon écoute vibrer son monde. Il entame le premier discours de l'histoire de la Nupes. Le leader maximo est en forme. Paul Éluard en introduction, Victor Hugo pour conclure. « Nous sommes en train de faire l'Histoire. » Alexis Corbière est taquin, il glisse à Pierre Jouvet : « Ça te change d'Hidalgo, hein ? »

Olivier Faure est arrivé dans son costume et son flegme habituels. Il est soulagé, ça ne se voit pas forcément. Il sourit doucement comme s'il s'extirpait d'un long cauchemar. « Je suis plus populaire ici qu'au PS. »

L'échine courbée, il vient apporter son écot à la Nupes. Un moment politique cathartique. En montant à la tribune, Olivier Faure espère sauver son parti en le ramenant à sa réalité du moment : il n'est plus qu'une force minoritaire et supplétive de la frange radicale de la gauche. En descendant de la tribune, il sait qu'il devra affronter, en sa maison, le procès en effacement d'une opposition qui estime cette soumission inconcevable.

On croise Manuel Bompard : « Ce fut une bonne négo. Une négo où chacun sort sans avoir le sentiment d'avoir été humilié. Je crois vraiment à ça. J'ai l'impression que personne n'est sorti avec ce sentiment-là. Même si tout le monde peut penser qu'il aurait pu obtenir mieux. Certains pensent qu'on est les gros gagnants. D'autres disent que c'est le PS qui s'en tire vraiment bien. Ça veut dire que ça va… »

On croise Pierre Jouvet, il promène une étonnante silhouette de marathonien : « J'ai perdu cinq kilos pendant les négos. » Il sourit comme un gamin. « Il y a trois semaines, LFI nous crachait dessus… En douze jours, on règle vingt-cinq ans de non-dialogue. » Il est hélé par Manuel Bompard qui est blagueur, ça ne lui arrive pas si souvent : « Alors, pas trop compliqué pour toi d'être ici ? »

« Non ! On est bien. À notre place. »

Il flotte dans l'air un goût de confiance aveugle. Jean-Luc Mélenchon est là-bas, inaccessible. C'est une journée de printemps en fleurs, il sera Premier ministre. La Nupes ne vivra peut-être plus jamais une journée aussi belle.

Le bout du voyage ?

L'avenir en question

1

La haine au PS

La Nupes est née. Mais les trois principaux partis qui la composent n'en ont pas terminé avec leurs atermoiements.

Un dîner secret

La campagne est – ouf ! – quasiment terminée, mais Anne Hidalgo est touchée, une dernière fois, par la grâce d'une idée imparable. Le mercredi 6 avril, quatre jours avant le premier tour de l'élection présidentielle qui s'annonce historiquement catastrophique pour le PS et deux mois avant des élections législatives qui s'annoncent cruciales pour sa survie, elle veut organiser un dîner entre gens de bonne compagnie. Ce ne sera pas un gala caritatif en faveur de tous les militants vraiment héroïques, mais vraiment dépenaillés, qui ont battu campagne pour elle, ni un dîner en plus petit comité de remerciements à ses quelques et fugaces soutiens. Pas du tout. Elle a autre chose en tête.

Jusqu'à dimanche, elle reste officiellement candidate, et donc, officieusement, la cheffe de file des socialistes. Bien sûr, elle s'est fait une raison, elle ne sera pas présidente de la République, mais elle n'est pas encore officiellement à 1,75 %, elle espère un dernier sursaut qui la hisserait au-dessus des fatidiques 5 %. Il y a encore un filet de lumière. Autant en profiter. Personne n'aime rester sur un échec, elle veut sortir par le haut, c'est même une pensée qui menace de tourner à l'idée fixe. L'heure de vérité du PS va bientôt sonner, elle entend y « prendre toute sa part », comme on dit en politique. Pourquoi ne pas déstabiliser la direction du parti pour tout reprendre en main ? Le congrès du parti est encore loin, mais humer le terrain pour prendre la tête de l'opposition puis catapulter l'un des siens à la tête du parti tout court… Un joli lot de consolation. Pour oublier ce fiasco au plus vite. La vie ne peut tout de même pas briser tous ses élans.

C'est un nouveau coup à tenter, même si depuis quelque temps ce n'est pas rare qu'elle entreprenne de fâcheuses initiatives au plus mauvais moment. Mais là, aucun risque. Le timing bizarre, voire inopportun, de ce dîner n'a aucune importance, puisqu'il jouit de la confidentialité la plus inviolable. Alors, Patrick Kanner, le président du groupe socialiste au Sénat, fidèle jusqu'au bout, s'occupe d'organiser la soirée aux petits oignons. Il y aura des noix de saint-jacques aux asperges en entrée, il adore ça les asperges, un carré d'agneau en plat principal et un entremets poire chocolat en dessert. Un sancerre blanc 2020 et du Château Lestage 2014. Même si, selon une source « proche du dossier », la cuisine de la questure du Sénat n'est pas la plus raffinée des palais de la République. Et à 20 heures, dans la salle à manger de la questure du Sénat, boulevard Saint-Michel à Paris, sont présents, autour d'Anne Hidalgo : l'ancien président de la République François Hollande, la maire de Lille, Martine Aubry, la présidente de la région Occitanie, Carole Delga, la maire de Nantes et directrice de campagne d'Anne Hidalgo, Johanna Rolland. L'ancien Premier ministre Bernard Cazeneuve est convié, mais il a décliné. Vu la suite, il a bien fait.

Cette Cène d'un nouveau genre ne rentrera pas dans l'Histoire pour la qualité des propos échangés. En réalité, ils ne se livrent pas beaucoup, pas encore, ils ne se disent pas grand-chose. Ils évoquent, pour être polis, le message à faire passer au soir du premier tour, vaguement les enjeux des législatives, le bilan de la campagne… Les mots sont des balles à blanc. Les six mois écoulés ont laissé des traces. Tout le monde ne s'apprécie pas autour de la table. Les péripéties de la campagne n'ont rien arrangé. Anne Hidalgo regarde Carole Delga de travers. Johanna Rolland regarde Anne Hidalgo de travers. Intérieurement, François Hollande se moque de tout le monde. Martine Aubry n'aime personne. Mais l'essentiel est ailleurs. La vie est remplie de symboles, il s'agit de prendre date, d'envisager, pourquoi pas l'idée d'une future et transitoire direction collégiale du parti, prémices à l'édification d'un nouveau mouvement social-démocrate beaucoup plus ample.

Car les six convives sont exactement dans le même état d'esprit concernant l'avenir d'un parti à reconstruire de fond en comble. Ils anticipent les grandes manœuvres d'une recomposition inéluctable. Ils sont aussi d'accord sur un point essentiel : ils considèrent à l'unanimité qu'Olivier Faure n'est pas l'homme d'une situation qui s'annonce aussi décisive qu'épineuse. Et de toute façon, il ne l'a jamais été, à la hauteur. Son attitude durant la campagne, jugée évanescente, ambiguë ou contre-productive, au choix, ne joue pas en sa faveur. Ils sont déjà tous très remontés contre un premier secrétaire, qui n'a même pas encore imaginé rejoindre Jean-Luc Mélenchon et se mettre dans sa main… C'est dire.

Il n'a donc été ni invité, ni informé de cette petite sauterie. Mais peu importe, puisqu'il n'y a aucun risque que le sceau du secret de ce dîner soit brisé. Personne n'a intérêt à parler, sécurité maximale. Le problème, c'est qu'une âme mal intentionnée nous a prévenus de la tenue des agapes. Carole Delga, mise au courant de la fuite, hésite à se décommander. Mais une dérobade de dernière minute est à exclure, ce serait bien pire. L'information est publiée à 20 h 01 sur le site lemonde.fr. Soudain, le repas est devenu franchement indigeste. Les six se quittent vers 22 h 30, dépités.

Au même moment, Olivier Faure poste une photo sur Twitter, depuis Morlaix, dans le Finistère. Il est attablé à une table rustique de militants bretons. Un contraste pour le moins saisissant avec le dîner sous les ors du Sénat qu'il s'empresse de mettre en scène : « Dîner public avec ceux qui se démènent jusqu'au bout. » Toujours au même instant, le porte-parole du PS, Pierre Jouvet, anime une visioconférence avec 250 candidats investis pour les législatives. Les réactions sont dévastatrices : incrédulité, déception et colère. Les militants s'affairent pendant que des arrangements se trament dans leur dos ? Certains, s'estimant trahis, n'hésitent plus à annoncer qu'ils jettent l'éponge.

Avant d'aller se coucher, nos six convives se sont mis d'accord pour minimiser, d'une seule voix, l'événement qui ne doit surtout pas être assimilé à une quelconque tentative de « coup d'État » interne. David Assouline, sénateur, membre actif de la campagne d'Anne Hidalgo, toujours sur la brèche, prépare des éléments de langage qu'il a fait tourner sur la boucle des caciques du PS, dès la fin du repas : « Camarades, ne pas relayer le ton de l'article et les instrumentalisations concernant ce dîner. Notre candidate Anne Hidalgo rencontre le maximum de responsables pour parler des derniers moments de campagne, [...] avec ceux qui y compris malheureusement ne se parlent pas entre eux. Vendredi elle a rendez-vous avec Olivier [Faure]. Elle parle aussi avec Bernard [Cazeneuve] qui ne pouvait pas être au dîner.

Sa démarche est à l'opposé de ce que suggère l'article du *Monde*, il s'agit au contraire de rassembler notre famille politique, le PS, pour poursuivre le combat ensemble. Amitiés socialistes. »

Cette version serait séduisante si Anne Hidalgo ne s'était pas fendue d'un SMS à Olivier Faure, envoyé en catastrophe, vers 20 heures, après la divulgation de la soirée. La maire de Paris l'informe qu'il n'était effectivement pas invité à un dîner qui était sur le point de commencer, mais elle était encline à le rencontrer en tête à tête, vendredi.

Le lendemain, encore, elle dit des choses étranges : « Mon rôle c'est de rassembler, de prendre le pouls, d'écouter les conseils. Il s'agit de permettre d'avoir dans notre pays une opposition républicaine de gauche, qui soit forte à l'Assemblée nationale. Il va falloir qu'on soit tous ensemble, il n'y a pas de place pour les aventures individuelles. Mon rôle c'est de les rapprocher. » Le lendemain, on parle avec Luc Broussy, le président du conseil national du PS : « S'il se sent acculé, Olivier Faure peut s'avérer très déterminé. » Le surlendemain, Olivier Faure et Anne Hidalgo prennent un café ensemble. Tout aussi secret. Un magnifique numéro de faux culs. De toute façon, il est trop tard. Olivier Faure aura été humilié jusqu'au dernier souffle. Ce dîner recèle une vertu essentielle. Tout est devenu limpide, la guerre des roses, qui devait se déclarer après les élections législatives, a pris un tout petit peu d'avance.

Les « grandes » manœuvres d'un parti devenu riquiqui

Une visioconférence de quelques centaines de personnes particulièrement en colère peut faire presque autant de bruit que le vrombissement d'une manif Bastille-Nation. Vendredi 13 mai, plus de cinq cents militants et élus socialistes ont programmé une contre-soirée très animée. Ils sont unanimement hostiles à la Nupes, née six jours plus tôt, et l'ont fait savoir en votant contre l'union. Durant trois heures, ils hurlent au sacrilège. Une « escroquerie », un « déshonneur », une « OPA de LFI sur le PS », « Le PS est devenu une filiale de la Nupes », une « soumission », une « reddition ». « Le PS a perdu son âme pour un plat de lentilles. » « Est-ce qu'on peut s'allier avec des "Insoumis", des antisémites, des non-républicains ? » Ce n'est qu'un petit échantillon d'interventions bouillantes. Il est beaucoup question de LFI, d'Olivier Faure aussi : « Qu'il nous insulte, qu'il nous dise de partir. C'est choquant », s'emporte Maxime Cohen, jeune militant de la fédération de Paris. « Olivier Faure a mal négocié pour ses camarades, constate Frédéric Cuvillier, ancien ministre de François Hollande. Il faut qu'il y ait au moins autant de candidatures hors accord que de candidatures Nupes. Soutien, force et vigueur ! » Ces nouveaux dissidents décident de se fédérer au grand jour. En assistant à cette longue réunion par ordinateur interposé, composée de petits carrés d'écrans avec une multitude de gens très fâchés dedans, il y a cette impression étrange d'assister à la scission du PS en direct.

Depuis la naissance de la Nupes, le parti est effectivement coupé en deux. Divisé entre ceux qui sont persuadés qu'il existe encore un espace politique pour le PS, parti de gouvernement, et ceux qui estiment qu'il soulève désormais tellement de poussière qu'il ne peut espérer revivre qu'au sein d'une grande coalition emmenée par les Insoumis. Sauf que couper en deux un parti réduit à la taille d'un petit pois glissant vers l'infiniment petit dans une atmosphère de tragédie grecque, ce n'est pas facile.

C'est Carole Delga qui préside la réunion du jour. Pour la présidente de la région Occitanie et étoile montante du parti, la Nupes a une tête de potence. Elle estime que son parti est devenu une machine à consentir plutôt qu'une machine à penser. Chantre de la gauche réaliste de gouvernement, loin de la radicalité Insoumise, elle est persuadée pouvoir planter son drapeau sur l'espace diffus qui s'étend de Jean-Luc Mélenchon à Emmanuel Macron. Aujourd'hui, le segment représente 1,75 % sur l'échelle du désespoir. Carole Delga prédit que d'ici cinq ans, la Macronie périra avec son chef, et que la Nupes se sera brisée en mille morceaux. Elle a donc pris la tête des soixante-dix mutins. Ces combattants de peu d'espoir pourraient lui donner la médaille du mérite et du courage. Elle se coiffe de la couronne du Christ, prête au sacrifice face à l'inflexibilité de la direction du parti qui est au courant de la tenue de ce conclave.

Olivier Faure est souvent au courant de tout. Le hasard veut que le midi du même jour de l'acte fondateur de ce vent de rébellion, nous déjeunions avec le premier secrétaire du PS autour du buffet à volonté d'un restaurant chinois de sa circonscription, en Seine-et-Marne. Il bat campagne pour se faire réélire député. Il tire sur sa cigarette électronique avec sa placidité coutumière. Il dit ne pas très bien comprendre la « logique » de cette réunion dissidente. « Je vois ceux qui créent des oppositions ardentes. Ils veulent juste faire tomber la direction actuelle. On a le droit d'être en opposition, mais provoquer des dissidences et contester une ligne adoptée démocratiquement – la validation de la Nupes par le Conseil national du PS, le 6 mai –, ça, ce n'est pas respectable… » Il prévient : « Si un label commun est décidé ce soir par les dissidents, c'est un acte de fraction. » Il dit qu'il en tirera les conséquences, l'exclusion pure et simple, mais il ne paraît pas inquiet. Pourtant, les négociations avec la Nupes ont rayé près de 500 candidats socialistes de la carte électorale. De quoi nourrir un certain mécontentement. Cela risque de secouer.

Retour devant l'écran d'ordinateur, le soir. Les deux autres organisateurs de la mutinerie sont Hélène Geoffroy, maire de Vaulx-en-Velin et opposante officielle d'Olivier Faure au titre du courant Debout les socialistes ! et Stéphane Le Foll, maire du Mans,

« hollandais » historique. Leur désir de faire tomber Olivier Faure est connue et rabâchée. Carole Delga, elle, est une personne plus prudente en société, même si elle n'en pense pas moins et n'est jamais dénuée d'arrière-pensées, en privé. Elle inaugure donc les débats en précisant que ce n'est pas une « fronde », mais « un espace de dialogue, sans aucune agressivité. Il n'y a aucune volonté de désagrégation ou de fragilisation du PS. [...] Mais une position d'affirmation de nos valeurs avec un rassemblement de la gauche sincère et crédible ».

Surtout pas une fronde. C'est sans doute pour cette raison qu'elle s'appesantit sur le moindre détail des modalités pratiques de cette amorce de coordination des candidats socialistes qui voudront se présenter aux élections législatives contre les « Insoumis » investis. Un geste bien net : « Pour le dépôt des candidatures, vous avez deux formulaires Cerfa à remplir. On va mettre en place des outils d'assistance juridique [...]. Concernant l'association de financement, il y a un conventionnement envisagé avec le Parti radical de gauche. » Etc. Dans l'incandescence de leur hargne et dans la certitude de leur bon droit, une cinquantaine de candidats hors accord sont prêts à se lancer sous l'étiquette « divers gauche », tandis que 70 socialistes sont investis par la Nupes. Carole Delga vient d'orchestrer une soirée aux vertus aphrodisiaques.

Carole Delga, c'est la grande attraction du moment. À son actif, un fait de gloire significatif. À 50 ans, elle a été la mieux réélue des présidents de

Région en 2021 avec 57,78 % des voix, personne n'a fait mieux.

Une présidente toujours souriante qui dit des phrases féeriques : « Changer la vie des gens, c'est ça qui m'intéresse. » Elle répète à tue-tête que, si elle a vendu des salades pour payer ses études, elle n'en raconte jamais. Elle est même devenue un phénomène dans sa région qu'elle gouverne d'une main de maître. Elle la sillonne à bord d'une voiture transformée en bureau itinérant, qui parcourt 100 000 kilomètres par an. Elle y passe le plus clair de son temps pour s'assurer que les citoyens ne manquent de rien. Du terrain, du terrain, du terrain. Bref. L'habitante de Martres-Tolosane, bourgade à quelques kilomètres de Toulouse, ne veut surtout pas qu'on croie qu'elle est une femme politique comme les autres.

Début 2022, Jacques Attali, l'ancien conseiller spécial de François Mitterrand, a demandé à la rencontrer. Il la pousse à s'exporter au-delà de son Occitanie. « Prenez le PS comme l'a fait Mitterrand à Épinay, en 1971. » Elle a fini par penser à faire cavalière seule. Durant la campagne, elle a passé beaucoup de temps à Paris. Pas vraiment pour se démener en faveur de la candidate socialiste, Anne Hidalgo lui en voue, depuis, une haine éternelle. Plutôt pour y faire des mondanités, et commencer à y faire prospérer une vision politique nationale. Elle n'a pas fait les grandes écoles, elle n'a ni les réseaux ni les codes. Elle a rencontré de jeunes énarques qui lui ont promis de travailler pour elle, et aussi des écrivains, des producteurs. C'est grisant.

Mais ses ambitions ont fini par se voir un peu trop. En mars 2022, il y a une mise au point. Notamment de la part de cette nouvelle génération de maires de grandes villes, plus conciliants avec la Nupes, Johanna Rolland, de Nantes, ou Mathieu Klein, de Nancy, qui veulent peser pour la suite. Ils lui ont signifié ceci : Carole, tu as un rôle à jouer, tu as un truc en plus mais tu es trop pressée, tu cavales trop vite, il faut du fond, du collectif, ce n'est pas encore ton heure. Depuis, elle est dans une hésitation. Qu'elle exprime, de sa voix agile, dans une éloquente concision : « Je ne m'interdis rien, je ne m'oblige à rien. »

Alors, depuis quelque temps, son discours n'est pas des plus limpide. Pas facile, en effet, de monter une petite armée tout en éradiquant le moindre vocabulaire guerrier pour ne pas se mettre en danger : « L'idée n'est pas de s'opposer à Olivier Faure. Au contraire, c'est depuis l'intérieur du PS qu'il faut reconstruire. Pour purger les tensions, pour veiller à l'unité du parti, il faut parler avec tous les militants. Demain, je veux que nous puissions tous travailler ensemble. » Il n'est pas certain que ces subtilités sémantiques contentent tout à fait la direction du parti au lendemain de cette visioconférence géante. En incarnant la dissidence au sein de son parti, elle prend un risque majeur.

Car Olivier Faure est penché sur l'article 1.2 alinéa 3 des statuts du PS. C'est un alinéa intraitable qui prévoit l'exclusion de ceux qui ont soutenu des membres du PS entrés en dissidence. Vous connaissez l'article 1.2 alinéa 3 ? Carole Delga non plus. Mais de toute façon, il la laisse de marbre : « S'ils veulent m'exclure, ils m'excluent. Mais j'espère qu'ils ont des problèmes plus importants. » Exclure la rebelle ? Sa singularité est tout de même une sacrée accroche marketing pour un parti moribond. Olivier Faure est dans l'expectative.

En attendant, les dissidents prospèrent. Bernard Cazeneuve, l'ancien Premier ministre, qui a quitté le PS, mais pas tout à fait la vie politique, vient au soutien de plusieurs candidats dissidents. Comme François Hollande. Comme Stéphane Le Foll. Les éléphants se regroupent de loin en loin. La direction du PS menace d'exclure tout le monde. Les candidats hors Nupes, leurs suppléants et ceux qui les ont soutenus. Dans le même temps, quatre simples militants socialistes, sans responsabilités au sein du parti, mais téléguidés par l'opposition, déposent plainte devant le tribunal judiciaire de Créteil pour faire invalider l'accord de la Nupes. Le choix d'avaliser l'accord de la Nupes par un conseil national, plutôt que par une convention nationale rassemblant les militants, était illégitime. Histoire, aussi et surtout, de prolonger la durée de vie des frondeurs au sein du PS. On ne s'appesantira pas sur ces bisbilles judiciaires, autrement que pour constater que rarement des désaccords politiques internes avaient atteint un point aussi culminant.

Sur le sort des 79 dissidents, Olivier Faure est bien embêté. Ils sont suspendus jusqu'à nouvel ordre car la commission nationale des conflits du parti qui doit traiter chaque cas individuel est en sommeil. Son président, Laurent Azoulai, a démissionné le lendemain du fameux conseil national qui a tout déclenché. 31 députés PS, 2 ou 3 dans le camp des dissidents. Le comptage définitif demeure confus. Mais Olivier Faure a gagné la première manche. Carole Delga a accusé le coup. L'histoire n'est pas terminée.

Les éléphants se balancent sur une toile d'araignée

« J'ai réussi », il a fait.

Jean-Christophe Cambadélis a les yeux qui brillent comme s'il venait de franchir le premier la ligne d'arrivée du Tour de France sur les Champs-Élysées. Fatigué, mais les bras levés.

Cette certitude lui fait du bien. Il se ressert un verre de rosé pour savourer son triomphe.

Nous sommes le 13 juillet 2022, installés à une table du Café Français, place de la Bastille. C'est la canicule et Jean-Christophe Cambadélis, dit « Camba » pour tous ceux qui suivent le PS de près, regarde assidûment la grande boucle, mais ne veut plus y participer. « Non, ne vous inquiétez pas, je ne veux plus rempiler. » Camba est un malin, il réserve toujours une table pour trois, « en fait on n'est que deux, le troisième s'est décommandé », comme ça il y a plus de place pour installer ses jambes. Camba a des choses à nous dire. Il est question de remettre en marche une vieille guimbarde envahie d'herbes folles.

« J'ai réussi. »

Le soir du 10 mai 1981, Camba avait déjà réussi quelque chose. Il était posté juste de l'autre côté de la place, pour piloter le service d'ordre qui devait garantir la sécurité de François Mitterrand, nouveau Président, et du rassemblement. Camba était alors Kostas, pseudo en référence à ses origines grecques, trotskiste activiste de l'organisation communiste internationaliste (OCI), dont le leader, Pierre Lambert, avait décidé, pour des raisons hautement tactiques, de soutenir Mitterrand. Avant, Kostas avait réussi à réunifier le syndicalisme des étudiants de gauche sous la bannière de l'Unef en 1980, aux termes de manœuvres souterraines de haut vol. Ce serait trop long à expliquer, mais Kostas est une légende. Après, il rejoint le PS, devient strauss-kahnien, pose les premiers tubulaires de l'échafaudage complexe de la gauche plurielle de 1997 et devient même premier secrétaire du parti entre 2014 et 2017. Ce patronage ne fut pas une grande réussite, mais le PS était déjà très malade. Encore après, en 2017, candidat aux élections législatives dans les rues du 19e arrondissement de Paris, il essayait de rameuter les foules, juché sur une palette rouge vif. Il ne récoltera que des quolibets mais, au moins, il avait mouillé la chemise.

Avant de raconter son nouvel exploit politique, il ménage le suspense, c'est presque une déformation professionnelle. Une discussion avec « Camba », c'est tout un pan de l'histoire de la gauche, une myriade de complots plus ou moins spectaculaires, plus ou moins réussis, qui resurgit. Des dîners secrets, des conspirations, des conjurations, des trahisons sanglantes, des contes cruels, des alliances tordues, des étincelles qui virevoltent au détour de congrès enfumés durant lesquels toutes les têtes d'affiche, de Laurent Fabius à Lionel Jospin en passant par Michel Rocard, essayaient de s'entre-tuer… Côté crasses en coulisses, avec le PS, on n'est jamais déçu.

Trotsky a dit : « Pour réaliser de grands projets, il faut porter attention aux plus petits détails. » Il faut donc toujours commencer son « coup » politique par une analyse fine de la situation. Camba s'y colle : « Au soir du second tour de la présidentielle, nous sommes entrés dans la fin du macronisme. Puisqu'il ne pourra plus se présenter. Donc, une cohabitation est possible et elle peut arriver plus vite que prévu. Dans le même temps, les contradictions au sein de la Nupes se font jour. Toutes les unions sont fragiles, mais celle-ci l'est particulièrement car c'est le mariage de la carpe et du lapin. Mélenchon nous roule dans la farine ! La culture de la contestation n'a jamais permis de remporter une élection. Mélenchon est la meilleure et la pire des choses pour la gauche. La meilleure, car son populisme chatoyant est le cache-misère de la gauche.

La pire, car il l'enferme dans l'interpellation tonitruante, tournant le dos à la gauche de transformation responsable. » Il repose son verre de vin avec fermeté, on sursaute. « Je vois poindre un nouveau choc politique : l'échec inéluctable de la Nupes. »

La Nupes est peut-être déjà en voie d'extinction, mais Camba est en voie d'exaltation. Du néant rejaillira la flamme puis le brasier de la victoire. Il parle d'une grande offensive. « Il y a la nécessité impérieuse pour le PS de se recomposer plus vite que prévu. Il faut donc mutualiser nos initiatives. On a les 30 % du courant minoritaire d'Hélène Geoffroy, la majorité des sénateurs, la Seine-Maritime… J'ai aussi prévu la centralisation des experts et de fusionner tous les mouvements sociaux-démocrates périphériques. Il faut qu'on soit capables d'avoir un logiciel nouveau… Il faut faire un travail fondamental. De façon à avoir un prêt-à-porter le jour où on se refonde. Etc. » À l'écouter, ce sont les préparatifs du débarquement de Normandie. « Olivier Faure rêve tout haut : "Le prochain candidat à la présidentielle, c'est moi." Mais pour l'instant, il est à peine le chef des Schtroumpfs. Le problème… » Car il y a quand même un problème : « Le problème, c'est qu'il n'y avait pas d'opposition unifiée à Olivier Faure. Les éléphants disent la même chose mais ils sont tous les uns contre les autres. Mais j'ai trouvé le truc. »

On ne comprend pas encore tout, mais on n'y connaît pas grand-chose en complot politique, après tout… Reste l'impression tenace que ces guerres pullulent depuis mille ans. Camba se donne à fond, mais on se demande comment il peut encore s'enthousiasmer pour ce qui est devenu si peu, alors qu'il a participé aux grandes heures du PS. Aujourd'hui, ils se battent tous pour un bout de paradis perdu. Camba sourit. Oui, mais une fois qu'on a été mordu… Donc Camba s'est de nouveau attelé à une grande partie de mikado géant. Faire bouger l'un sans froisser l'autre. Mais à la fin, il n'en restera qu'un.

« J'ai réussi ! Je vais réunir tous les éléphants ! On a eu une première entrevue avec Lacroix, Le Foll, Cazeneuve. D'autres vont suivre. Les prémices d'une coordination informelle pour créer une dynamique de rassemblement. La clé, c'était François Hollande. Une fois qu'il a compris qu'il ne pourrait plus être le leader… C'est lui qui foutait le bordel. Le système était bloqué à cause de ses ambitions personnelles. »

Ce n'était qu'une des nombreuses épines du problème. « Bon. C'est vrai. Anne Hidalgo et Carole Delga sont ennemies irréductibles. En revanche, j'ai dit à Cazeneuve et à Delga : « Ok, vous ne pouvez pas vous blairer, mais pour déboulonner Olivier Faure, tu vas faire comment ? » J'ai dit à François (Hollande) : « Si on se met tous ensemble, on bat Olivier Faure et on récupère le PS. Et la fin d'Olivier Faure, c'est la fin de la Nupes. » Ça a fait tilt. » Il va même beaucoup plus loin : « Fabien Roussel m'a dit : "Si vous faites, on vient. Tant que vous n'avez pas fait, on est obligé de continuer à s'avaler Mélenchon." Je suis aussi en contact avec Yannick Jadot. » Etc. Camba est intarissable.

On sous-estime sans doute la nuit des morts-vivants et la puissance de la social-démocratie à la papa, mais quand même, n'en déplaise à Camba, ce n'est pas complètement gagné. Il faut être certain que ce n'est pas le moment de la gauche radicale et qu'un paquet d'électeurs sont prêts à penser comme lui. Enfin, si on fait le tour de l'enclos à éléphants, malgré le ciment du regret qui les lie, on s'aperçoit qu'aucun n'a un appétit d'oiseau. Chacun rêve encore d'inaugurer sa propre petite boutique de souvenirs, chacun cultive son petit rang d'oignons séparés par une haie touffue d'orgueil. Sauf Camba qui jure ne songer à rien d'autre que vouloir parapher son testament politique. Il ne s'arrête jamais : « Pour que tout ça fonctionne, il faut que chacun pense qu'il va être le chef. »

Anne Hidalgo est toujours maire de Paris. Emportée depuis des mois par un grand vent de solitude, elle dit qu'elle n'est pas du tout déprimée. Et qu'elle ne pense qu'à Paris. Elle n'est pas au courant que depuis sa campagne, personne ne compte plus vraiment sur elle.

Julien « Baron noir » Dray a été très déçu par les atermoiements de François Hollande à se présenter à l'élection présidentielle. Il considère que « la bataille la plus importante est à l'extérieur du PS. Je ne veux plus être tributaire des batailles et des personnalités anciennes ». Il a créé un nouveau mouvement,

« Réeinventez ! ». Il renifle un espace, il veut ramasser tous les orphelins du PS anti-Mélenchon. Il est comme François Hollande, il y croira toujours.

Pour ceux qui savent la violence farouche de l'orgueil de Stéphane Le Foll, un seul dénouement est possible : l'effondrement total, immédiat, définitif, de son ennemi, Olivier Faure. L'ancien ministre de l'Agriculture de François Hollande s'est affranchi de son mentor. Il est peut-être le plus lucide, sûrement le plus grognon. Il peste depuis sa mairie du Mans. Il veut préempter le PS, mais plus personne ne s'en préoccupe.

Bernard Cazeneuve plane en position géostationnaire dans un azur politique éthéré. Il n'est même plus au PS. Il a rendu sa carte quand le parti s'est offert aux Insoumis pour créer la Nupes. Il a écrit un livre, *Le Sens de notre nation*. Bien avant les premiers soubresauts de la campagne, il avait laissé entendre qu'il pouvait être un recours. Mais il n'a plus donné de nouvelles. Il aspirait à ce que le peuple de France l'appelle. Selon ses vieux camarades du PS, souvent animés d'une tendresse incompressible, il ne se prend pas pour la moitié de n'importe qui. On avait croisé l'ancien Premier ministre par hasard au cœur de l'hiver et de Paris, rue du Cherche-Midi. Il s'était installé à une terrasse de café, il portait une cravate et un costume très mitterrandien, tout le monde le reconnaissait dans la rue. Il est avocat dans un grand cabinet d'affaires, August Debouzy, il dit qu'il ne regarde plus la politique que d'un œil, de plus en plus loin, mais il est évident que ça le titille toujours. Quand il en parle, c'est toujours assez ésotérique. « Je passe mon temps à travailler. J'écris des rapports. Je réfléchis. [...] Il faut créer les conditions d'une attraction, organiser les conditions d'un sursaut [...] si on n'a pas une vision de ce que doit être l'avenir de notre pays, on se condamne à être dans la charge et la radicalité. La marginalité du discours fait la marginalité du score électoral. [...] Il faut être suffisamment exigeant pour essayer d'être à la hauteur. Dans les années 1970, si on n'était pas d'accord les uns, les autres. On choisissait le meilleur de la bande. » Etc.

Il improvise aussi des phrases qui ne manquent pas d'esprit : « À force de ne jamais travailler le fond, on finit par le toucher. » Ou encore : « On n'a jamais vu une idée traverser la pièce toute seule. » Il a pris des semaines pour finaliser un texte sur le renouveau de la social-démocratie. Le manifeste a été publié le 4 septembre, dans *Le Journal du Dimanche*. Il affirme qu'« une autre gauche est possible, qui rompe avec l'outrance et le sectarisme ». Un texte signé par 400 personnalités de gauche opposées à la ligne pro-Nupes. Il y a du souffle. Peut-être. Mais tant que François Hollande est là, il n'ose pas avancer. C'est un constat et un regret.

François Hollande est toujours dans les parages, quelque part, jamais très loin. En septembre dernier, il a sorti son dernier livre, *Bouleversements*, consacré à la situation internationale. Camba est persuadé qu'il a enfin mesuré depuis son quinquennat que le rejet dont il est l'objet est devenu supérieur à l'adhésion qu'il pouvait susciter. Sa candidate en son bastion corrézien a fait moins de 10 %, lors des élections législatives. Il a perdu Stéphane Le Foll. François Rebsamen est passé à l'ennemi. On lui a parlé cet été. « Je ne me suis pas engagé toute ma vie pour regarder le PS devenir l'un des morceaux éparpillés d'une gauche condamnée à l'opposition. Je vais mettre les mains dans la machine. Même si je suis très heureux de mon existence. Mais je le ferai pour la cause qui est la mienne. J'ai dirigé le PS pendant dix ans. Ce serait un comble que ce qui reste du parti me quitte. » Il a un moteur de secours. La haine d'Olivier Faure le motive plus que tout. « L'inventaire est légitime, il est même nécessaire pour avancer, mais avoir fait comme si le quinquennat n'existait pas, ou pire qu'il était une trahison… c'était une abdication… qui préparait l'effacement dans la Nupes. Comme Premier secrétaire, j'ai toujours veillé à rassembler les sensibilités et à provoquer le débat. C'était la richesse du PS. Je faisais venir les principales personnalités, celles qui avaient gouverné en notre nom. Pour utiliser leur expérience, pour valoriser le parti, son histoire, ses acquis. On ne construit rien sur une table rase assis sur de petits tabourets » François Hollande a toujours une théorie en réserve, la théorie du chaos. Et du moi après le chaos.

Les petites chapelles font rarement les grandes cathédrales.

Tout sauf Olivier Faure

L'objet ultime de leurs funestes attentions possède, supposément, le charisme d'un placard à balais. Il serait terne, monocorde, encombré d'une élocution difficile, il avale ses mots. Avec la Nupes, il aurait mis son âme à genoux pour sauver ses fesses. Un piètre tacticien et rien d'autre. Il serait négligeable et rédhibitoire. Certains estiment qu'il est aussi fiable qu'un banc d'anguilles, d'autres qu'il est franc comme un âne qui recule. Camba élargit le bestiaire : « Faure est un crocodile. Il peut rester des semaines sans bouger au fond du marigot, à attendre en tirant sur sa cigarette électronique. Et quand la proie est à sa portée… Il attend. Sans abdiquer son ambition. » On vous fera grâce des autres adjectifs encore moins sympathiques employés par les derniers. Olivier Faure a tous les éléphants et les chiens de l'enfer sur ses talons.

Mais il peut recevoir des seaux de détritus sur la tête, il ne bouge jamais une oreille. Patrick Kanner, le patron des sénateurs socialistes, aime raconter cette anecdote. Un coup de fil qu'il passe au premier secrétaire qui vient de décider d'envoyer l'intellectuel Raphaël Glucksmann en première ligne, au feu des élections européennes de 2019. C'est un dimanche, il enguirlande Olivier Faure tellement violemment (« Mais d'où il est socialiste, Glucksmann ?! Il a sa carte ?! C'est ton boulot de premier secrétaire d'y aller toi-même !! Comme Rocard en 74 !! ») que la femme du sénateur n'en revient pas. Patrick, d'ordinaire si doux. Elle passe une tête : « Mais sur qui tu peux bien crier comme ça ? » Ce jour-là, Patrick Kanner redoute que si le PS réalise moins de 5 %, il ne soit absorbé par un trou noir. Olivier Faure n'a trop rien dit, pas même un glapissement affligé, il attend toujours que l'orage passe.

On peut se promener un bout de temps dans les silences d'Olivier Faure. Lui prêter les pires intentions, douter de ses facultés réelles, envisager bien des choses. Il utilise toutes ses forces pour donner le sentiment de ne penser à rien. C'est évidemment tout le contraire.

Il n'a rien d'une légende vivante, a-t-il l'étoffe d'un héros ? En tout cas, avec le « coup » de la Nupes, dans laquelle il se love avec bonheur et soulagement, c'est comme s'il s'était offert un abri antiatomique. La majorité des militants sont avec lui. Depuis cet été, c'est même le moment Faure. Le 11 juillet 2022, à l'Assemblée nationale, parce que les marcheurs ont facilité la prise de deux vice-présidences de commission au Rassemblement national, il a parlé très fort : « Taisez-vous maintenant. Vous fissurez toutes les digues. » La Nupes applaudit tandis que les socialistes estiment qu'il donne tellement de gages à Mélenchon que ça en devient ridicule. Qu'il n'a plus le moindre honneur à être devenu la marionnette ventriloque de Jean-Luc Mélenchon. Lui dit qu'il est enfin à sa vraie place, le PS aussi. Tout à gauche. Le populisme de

Mélenchon ne le dérange plus du tout. Un héros ou un fossoyeur ? Avec la Nupes, il joue à quitte ou double.

Ses adversaires lui reprochent d'avoir voulu vendre le PS aux Verts, puis à Christiane Taubira, puis aux Insoumis pour garder son boulot à l'Assemblée. Le PS vit une descente aux enfers, c'est la faute d'Olivier Faure. Quand, dans un conclave du parti, Hélène Geoffroy, son opposante minoritaire au sein du PS, souligne un manque de travail de fond et de démocratie interne et lui demande de se justifier, il se ferme : « Tant que vous direz que je veux effacer le PS, je ne vous répondrai pas. » On le raille pour avoir changé dix fois de pied dans d'étourdissantes valses politiques. Il est né rocardien, à la droite du PS. Puis, il devient « hollandais ». En 2017, il souhaite publiquement la réussite du quinquennat Macron. Son épouse, Soria Blatmann, intègre le cabinet élyséen comme conseillère aux droits de l'homme. Une carrière d'apparatchik… Un ancien collaborateur qui reprend le PS… Ils sont mus par un sentiment plutôt négatif, ils pourraient lui faire avaler une bassine de poison.

Lui ne veut pas « effacer » le PS, juste les vieux cadres du parti. Longtemps, il a essayé de les contenter. Mais quand il a pris le PS, en 2018, il dit que personne n'était plus là pour l'aider. Les éléphants le condamnent sans appel pour une ingratitude sacrilège et un péché originel : avoir taillé l'inventaire du quinquennat à la hache. Une conversion qui a surpris jusqu'aux « Insoumis ». Qui se demandent s'il n'a pas, derrière la tête, un plan secret encore plus secret que lui : miser sur des élections législatives (12 et 19 juin) pas trop triomphantes pour LFI, guetter un dérapage fatal de Jean-Luc Mélenchon et de La France insoumise, tandis que lui aura réussi à replacer suffisamment le PS dans la lumière pour rafler le leadership à gauche… Il dit souvent que la politique lui a déjà tout donné, qu'il n'a plus d'autres ambitions que pour lui-même, qu'il s'accommode très bien de son destin.

En mai, lors d'un petit-déjeuner en tête-à-tête, on lui avait soumis un mot qui, selon nous, pouvait lui convenir : « énigmatique ». « Je m'en étouffe », avait-il répondu en entamant son deuxième pain au chocolat. Mais où peuvent-ils bien disparaître dans ce corps si svelte ? Ce n'est pas le plus mince de ses mystères. C'était le début de la Nupes, on avait évoqué la présidentielle de 2027. Il était demeuré aussi introspectif qu'allusif :

« L'Élysée, Matignon… Ce n'est pas un but, mais ça peut le devenir. Je ne me dis pas : c'est moi ou le déluge. L'idée, c'est plutôt d'éviter le déluge… Et, sans être présomptueux, peut-être que ce sera moi. » Avant publication, on lui avait fait relire ses citations. Il avait rayé : « Ce n'est pas un but, mais ça peut le devenir » et « Et, sans être présomptueux, peut-être que ce sera moi. » Un crocodile, jusqu'au bout.

La Halle aux gros grains

À la fin de l'été 2022, tout ce petit monde s'est retrouvé à Blois, pendant deux jours, à la Halle aux grains, en contrebas du beau château Renaissance. Une rentrée des classes dans l'allégresse des traditionnelles journées d'été du PS sous un soleil rédempteur ? Bien sûr que non. Ce fut plutôt une place de village ouverte à tous les vents des commérages. Comme toujours, au PS, les relations entre les uns et les autres sont tordues comme des bretzels. Tout le monde vaquait à ses occupations. Les uns essayaient de mettre au point une énième embuscade pour se débarrasser des autres et surtout d'Oliver Faure, les autres faisant mine d'ignorer les uns sans être dupes de rien.

Les éléphants n'étaient pas de sortie dans le Loir-et-Cher. François Hollande était en Corse, il prenait la pluie, comme d'habitude. Stéphane Le Foll continuait de bouder au Mans. Bernard Cazeneuve relisait une millième fois son explosif manifeste social-démocrate. Seul Jean-Christophe Cambadélis était là. Mais on ne voyait que lui. Il s'était installé, bien en évidence, à la terrasse du Café de l'Agriculture. À quelques tables, Pierre Jouvet, le meilleur copain d'Olivier Faure, l'a trouvé rouillé. « Franchement, Camba me fait de la peine. Il s'accroche désespérément à sa page qui est tournée. »

Personnellement, on l'a trouvé plutôt en forme. Il avait pris peu de vacances cet été, il était excité comme une puce. « On a avancé sur le programme fondamental. On a renforcé la liaison entre les éléphants. Le texte de Cazeneuve est presque prêt… » Il prédit plus que jamais la fin prochaine de la Nupes qui était toujours autant une ineptie. « On veut une union de la gauche, mais pas cette union de la gauche. Ce n'est pas avec Mélenchon qu'on va séduire de nouveau les déçus de gauche du macronisme. La Nupes fait passer le premier tour mais pas le second des législatives. Olivier Faure, qui nous a montré sa souplesse tactique, va attendre que les Verts se tirent de la Nupes pour faire la même chose. En attendant, il ne peut pas le dire. Il doit plaider pour l'unité de la Nupes qui n'a aucune chance de survivre. Ce qui nous donne, à nous, un espace stratégique. » Etc.

Au premier étage du même café, Carole Delga se contorsionnait dans tous les sens, on avait mal pour elle. « Tout va bien avec Olivier Faure. Je l'ai vu deux fois cet été. Tout est aplani. » Mais elle a quand même répété que la Nupes n'était pas sa tasse de thé. Elle veut même organiser les états généraux de la gauche républicaine. Quelques jours plus tard, elle signera le manifeste de Bernard Cazeneuve… Elle qui n'a jamais été très limpide sur ses vraies intentions, elle est devenue tout à fait confuse.

Trente mètres plus loin, Hélène Geoffroy avait invité quelques journalistes à discuter. Ce n'était pas beaucoup plus convaincant. Elle veut prendre le parti, agréger une troupe hétéroclite dont le seul point commun est de vouloir renverser le premier secrétaire et s'extraire de la Nupes. Mais on n'a pas bien compris comment elle comptait s'y prendre. Elle attend aussi un geste de clémence d'Olivier Faure à l'égard des 79 socialistes suspendus en juillet.

Mais Olivier Faure joue les indifférents à la perfection. Il mâche de moins en moins ses mots. « Il y aura des sanctions, parce qu'il y a des règles collectives à respecter. » Il se réjouit de l'extinction prochaine des éléphants. « Moi, je dis clairement à quel camp j'appartiens, celui de la gauche et de l'écologie. Eux, qu'ont-ils à proposer ? Rien. »

Anne Hidalgo n'était pas invitée à participer aux différents discours, débats et ateliers de ces journées d'été. Mais elle est venue quand même pour se montrer au pot de la fédération de Paris. Elle était donc là sans être là, une situation qui devrait durer un certain temps.

À Blois, la typologie des combats à venir est tracée. Deux blocs face à face. Un premier secrétaire qui tient le parti. Une opposition qui lui promet un maximum de misères d'ici le prochain congrès du parti, le 80e du nom, début 2023. Chacun ayant pour l'autre autant de compassion que le nœud coulant du bourreau. Cela risque d'être vraiment chouette.

2

Les Verts toujours en jachère

Les Verts sont d'étranges créatures. Elles ont l'air toutes douces.

Voici ce que Julien Bayou, le secrétaire national d'Europe Écologie-Les Verts (EELV), le patron des écolos, envoyait sur une boucle de messagerie interne, le samedi 23 avril 2022, après le premier tour de l'élection présidentielle dont il avait été un ardent artisan en soutenant la candidature de son champion, Yannick Jadot : « A trop voulu singer Macron… "Faire face" [le slogan de la campagne de Yannick Jadot], c'est statique, conservateur, vaguement présidentiable, mais pas de bol, il y a déjà un président, et lui, il appelle Poutine, et livre des armes à l'Ukraine. Même "le changement, c'est maintenant" [le slogan de la campagne de François Hollande en 2012] envoyait plus de joie et de radicalité. »

Il écrit aussi : « Je trouve scandaleux que Yannick et son équipe parlent déjà de 2027, ergotant sur le fait que le principal défaut de cette campagne présidentielle est qu'on aurait fait la primaire trop tard alors qu'en janvier 2022 ils n'étaient toujours pas prêts. » Mounir Satouri, le directeur de campagne qui, curieusement, s'est senti visé, a pris soin de répondre : « Tu accuses Yannick d'avoir voulu singer Macron. Sincèrement, Julien, que le secrétaire national en responsabilité reprenne à son compte les attaques mensongères qu'une partie de nos détracteurs profèrent pour nous décrédibiliser est profondément injuste et scandaleux. Est-ce que tu as précisé que tu faisais partie du conseil politique de la campagne, du conseil stratégique de la campagne mais aussi du comité de direction composé de dix personnes pour prendre des décisions stratégiques chaque semaine ? C'est assez fort de se déresponsabiliser en évoquant la non-préparation de notre projet présidentiel alors que tu es chef de ce parti depuis deux ans et demi. »

C'est drôle, parce que durant la campagne il n'y avait pas l'épaisseur d'un pétale de marguerite entre le candidat et le patron du parti.

Cette correspondance épistolaire peut rappeler un autre échange, plus ancien, d'une tonalité légèrement différente, mais identique quant à son approche philosophique, et donc révélateur d'une ambiance primesautière et sophistiquée chez les écolos : « Salut, gros connard… Pardon, sale enculé de ta race. Je me demande ce qui me retient de te casser la gueule. » C'est avec ces mots modérément recyclables que Dominique Voynet, ancienne ministre de l'Écologie, avait accueilli Yannick Jadot au siège des Verts, en une joviale matinée de novembre 2011. Il faut dire que député européen venait de lâcher la campagne présidentielle d'Eva Joly au milieu du gué. Sur un simple tweet de surcroît. Jadot en était pourtant une sorte de porte-parole au titre de promoteur originel de cette candidature originale, portée par l'ancienne magistrate (2,31 %) au terme de l'élection présidentielle de 2012.

Tout peut être ainsi résumé. On ne parle que de catastrophes écologiques, de planète en danger, de transition énergétique indispensable, mais on ne parle jamais des écologistes. Ça les désole, mais c'est comme ça. Comment transformer une victoire culturelle (qui n'est plus écologiste ?) en victoire politique ? Pourquoi les écologistes ont voté Mélenchon plutôt que Jadot ? C'est parce qu'à force, les dirigeants Verts sont lassants.

Chez les « écolos », on s'appelle tous « copains ». Mais les copains en question sont tous armés comme des bérets verts pour mieux s'entre-tuer. Ils passent leur temps à se crêper le chignon alors qu'on court au désastre climatique, énergétique, qu'il n'y a pas de planète B… Pour le dire crûment et sans détour, la mission d'intérêt vital et immensément supérieur qu'ils se sont assignée est menacée par les âcres reliquats d'un onanisme politique aussi déplacé que piteux.

Pour ne pas être mesquin, on louera quelques efforts substantiels. Tous les observateurs ont applaudi à tout rompre devant le spectacle, au déroulé sans faux col, de la primaire écologiste en septembre 2021. Tout le monde s'était regardé, ça y est, les Verts sont guéris. Il faudra peut-être un peu de temps, mais le parti est à l'équilibre financier, un groupe parlementaire a pris place à l'Assemblée nationale, les maires de Lyon, Bordeaux, Strasbourg, Grenoble… sont écolos. On peut se moquer du score final, mais le projet présidentiel de Yannick Jadot n'a jamais été aussi solide. L'écologie politique semble avoir passé le cliquet de la respectabilité.

Un été de sécheresse, de mégas-incendies et de dérèglements climatiques plus tard, les Verts jurent qu'ils ont compris la leçon et qu'ils vont bien se tenir avec de grands appétits de sagesse. Finies les bisbilles internes et les déchirements stériles. Bientôt, se tiendra leur congrès annuel avec tous les chefs à plumes vertes. Pour se donner des coups de pied sous la table de réunion ?

Non, juré, ils fomentent la révolution. Ils vont renverser le parti, le mettre, enfin, en ordre de marche pour la conquête du pouvoir. Oublié, le sympathique syndicat d'initiative politique. Une écologie enfin sérieuse se prépare à gouverner, c'est prévu et annoncé. On se méfie toujours un peu avec les Verts. Depuis dix ans, on ne compte plus les congrès de refondation de l'écologie politique…

Pour essayer de comprendre si, cette fois, ça pouvait vraiment fonctionner, on s'est assis en face de celui qui pratique les yeux fermés, dans le détail de leur haute complexité, les équilibres précaires de sa boutique. On s'est assis en face du vrai patron des Verts. « Ah non ! Ne dites pas ça ! Je ne peux pas acter un truc pareil ! » David Cormand s'étrangle car il connaît par cœur l'histoire d'Europe Écologie-Les Verts, un parti qui adore couper la tête de ses leaders quand ils deviennent trop omnipotents. « Non, ils aiment bien mettre des fessées », précise-t-il.

David Cormand, c'est l'écolo le plus charmant du monde avec un sens et une vision politique aigus. Il a dirigé EELV entre 2016 et 2019. Il est aussi une besace à punchlines, ce qui est très pratique pour un journaliste. Pour ne pas faillir à la tradition, on a voulu réveiller une dernière fois les mauvaises langues qui ne sont jamais biodégradables chez les Verts. On a inauguré la discussion par un court bilan de la campagne de Yannick Jadot. Comme il n'était pas intervenu dans la discussion sus-décrite entre Julien Bayou et Mounir Satouri, il a tenu à se rattraper : « Yannick nous disait qu'il était l'écologiste réaliste. Que lui et son équipe étaient des pros. Ils devaient nous expliquer la vie… Ce sont des guignols. Il faut qu'il comprenne que sa campagne, c'était de la daube. D'ailleurs, je lui ai dit : “Vous avez fait une campagne de merde sur une ligne de merde.” » Cormand et Jadot sont tous les deux députés européens, mais ils n'ont jamais trop le temps de dîner à Strasbourg ou à

Bruxelles lors des sessions parlementaires, c'est dommage.

Il avait quelque chose à rajouter : « Personne de son équipe ne s'est occupé de lui trouver une circonscription pendant les négociations de la Nupes. Il s'est fait complètement balader. Ses copains voulaient l'envoyer à l'Élysée et ils n'arrivent même pas à en faire un député. » Tout le monde va penser que les Verts sont indécrottables…

On est passé aux choses sérieuses. « Vous allez voir, tout va changer chez nous. Il faut dynamiter le parti. On va continuer à être juste des lanceurs d'alerte ? Des supplétifs du PS quand il parvient au pouvoir ? L'écologie doit devenir majoritaire. Il faut arrêter avec l'écolo du coin qui sent la chaussette. » D'ailleurs, David Cormand, qui porte en général un pull qui gratte, est en chemise, on dirait un socialiste. On ne lui a pas fait part de notre sentiment, ça ne lui aurait pas plu, car il a un dada : il ne veut rien avoir à faire avec la vieille gauche. « Je ne suis pas coco, pas socialiste… Je suis pour affirmer une ligne claire de l'écologie politique. » Il pense même qu'elle sera le mouvement dominant du XXIe siècle, c'est le sens de l'histoire. Il n'a peut-être pas tort, mais… Encore faut-il pouvoir passer le cap politique ultime grâce à l'édification d'un parti digne de ce nom.

Le problème numéro un, ce sont les statuts. Sur ce point, tout le monde est d'accord. EELV a hérité d'une machinerie impossible, truffée de mécanismes démocratiques tellement prononcés qu'ils cadenassent toute idée d'une efficacité politique. Les statuts sont inchangés depuis leur origine. Nés dans les années 70 de la jonction de plusieurs mouvements, les Amis de la Terre, les libertaires, un bout du Parti socialiste unifié, etc., ils voulaient tous se contrôler, obsédés par une gouvernance purement horizontale, vigilants à ce que personne ne préempte le pouvoir. « Le pouvoir, c'était sale. En plus, dès qu'on prenait la grosse tête, on dégageait ».

Chez les Verts, on ne peut pas prendre une décision sans faire voter la terre entière. Des scrutins à la proportionnelle au plus fort reste… Il faut avoir fait Polytechnique pour s'y retrouver. « Si on veut faire carrière dans le parti, il faut faire 90 % de "popol" [de politique politicienne] interne. Quand j'étais secrétaire national, mon temps de cerveau disponible pour l'action politique externe était happé par les turpitudes du parti. L'enfer. » Et puis, le cumul des mandats est inflexible. On ne peut pas être député, ou sénateur et chef du parti. En définitive, pour le diriger, il ne faut pas gagner une élection nationale. C'est ballot. « Notre organisation rend impossible toute évolution. On va simplifier le mode de changement de règles. Pour être plus réactif et plus opérationnel. » Il n'empêche. Il n'est pas certain que Yannick Jadot ait raté son élection à cause des statuts, mais là n'est pas le sujet. Une petite touche de modernité serait bienvenue.

Le hic, c'est que, pour changer ces fameux statuts, il faut un vote de 75 % des adhérents. Ça devient une histoire drôle. « Les statuts sont conçus pour être inchangeables. EELV a la forme d'une amphore. Pas beaucoup de militants à la base, quelques milliers, peu de dirigeants en haut et donc une faiblesse consubstantielle de la tête du parti. Et au milieu, une masse considérable de cadres intermédiaires, des chefs de tentes qui représentent une multitude de tendances qui n'ont aucun intérêt à ce que ça bouge sinon ils disparaissent. Donc, s'appuyer sur ces cadres intermédiaires pour changer les règles, ça ne peut pas marcher. Ces petites écuries vont faire assaut d'obstruction. Il suffit d'un tout petit bout du parti pour tout bloquer. Donc, il faut proposer une forme d'alliance très large pour éradiquer les pratiques de chapelles qui nous entravent. Il faut supprimer le poids des sensibilités. » Les sensibilités vont être ravies, même si David Cormand n'a pas exactement la tête d'un dictateur. Il a plutôt une idée lumineuse. Un référendum pour modifier les statuts avant le fameux congrès de refondation. Mais l'acceptation du principe d'un référendum nécessite un vote interne qui… On va s'arrêter là pour cette fois, c'est sans fin.

Il y a le congrès d'EELV qui s'annonce aussi saignant qu'une côte de bœuf, et aussi cette question cruciale : comment s'arranger avec la Nupes ? Ils y ont foncé tête baissée, c'était une question de survie, tout en traînant des sandales. Depuis les négociations du printemps, le parti se déchire sur le bien-fondé d'y demeurer. Surtout en vue des élections européennes de 2024. Il y a les indépendantistes qui ne veulent pas croire à l'union, les pragmatiques qui estiment que la Nupes est une planche de salut, les grincheux qui ne sont d'accord avec rien ni personne.

Il y a tous les porte-voix dont la parole est loin d'être limpide. Julien Bayou qui rendra les clés du parti (rappelez-vous, comme il est devenu député, il ne peut plus le diriger) est honni par l'aile gauche. Il s'est déjà mis en retrait de la vie politique après les accusations de violences psychologiques par une ancienne compagne, relayées publiquement par Sandrine Rousseau. Cette dernière, figure médiatiquement dominante, fera n'importe quoi pour continuer à exister et porter haut son écologie radicale et féministe. Yannick Jadot se fiche de la recomposition d'EELV comme de sa dernière cravate et, de toute façon, il n'aime pas travailler en équipe. David Cormand pousse Marine Tondelier, inconnue au bataillon, ce qui est un avantage considérable chez les Verts pour gagner la partie, et prendre la présidence du parti… Bref. Il y aura toujours plein d'occasions de s'écharper. Et même si les Verts sont toujours imprévisibles, on prédit qu'ils ne sont pas sortis de l'auberge.

3

L'hypothétique succession de Jean-Luc Mélenchon

Jean-Luc Mélenchon est dissipé et galopant. L'été dernier, il s'est baladé dans tous les recoins de l'Amérique latine. Au fin fond de la Colombie, on lui a fait visiter un vieil hôtel désaffecté, à Santa Marta dans la province de Magdalena, tout près de la maison où Simon Bolivar, l'icône indépendantiste, est passé de vie à trépas. Un coin sacré. Mélenchon a été conquis par le bâtiment, il y a de la place pour travailler : « Et si on le rénovait pour installer les formations internationales de cadres ? » Ça pourrait lui changer des bambous de Montargis. Début septembre, il a passé deux jours à Rome avec Christian Rodriguez, son ami franco-chilien de quarante ans. Il était allé soutenir l'Union populaire alors que Giorgia Meloni, le nouveau faisceau d'extrême droite et ancienne responsable des jeunesses mussoliniennes, est tout près du pouvoir en Italie (son parti remporte les élections législatives en septembre 2022).

La prochaine étape de l'Insoumis est déjà inscrite sur son planning de voyage : filer au Brésil soutenir Lula pour se débarrasser du président Jair Bolsonaro lors des prochaines élections. Aux yeux de Mélenchon, le statut de Lula est assez enviable. Une autorité morale, un recours évident quand tout va mal. Un guide spirituel, la case prison en moins, la case pouvoir en plus. Et Lula a six ans de plus que Mélenchon…

Après, il prendra des billets pour l'Afrique qu'il connaît mal. Christian Rodriguez est explicite : « Il veut avoir une présence partout dans le monde. Prendre le parti des régimes qui défient les démocraties libérales. Diffuser ses idées face à la crise écologique, énergétique. Au Honduras : les régions sont privatisées, l'eau est privée. Qu'est-ce qu'on fait ? On attend de crever tous ensemble ? » Mélenchon veut se balader partout. Au siècle dernier, il fut conseiller municipal, député européen, sénateur, ministre, député. Il se retrouve pour la première fois sans mandat. Même au sein de LFI, il n'a pas de fonction précise. Il n'est pas encore Premier ministre ou président de la République. Il a tiré les enseignements du mouvement des « gilets jaunes » qu'il n'a pas réussi à capter à son profit. Il était contraint par le champ institutionnel et son emploi du temps.

Avec Christian Rodriguez, on a tenté de partir à la pêche au gros scoop. Et la politique franco-française alors ? Rodriguez a ricané, il nous a vus venir à des kilomètres. « Pour 2027, je crois qu'il ne le sait même pas lui-même. » Il y a un autre homme qui connaît les recoins du cerveau de l'Insoumis en chef, c'est Bernard Pignerol. « Ce sera une affaire de circonstances. Ça dépendra de la date de la prochaine présidentielle. » Il ne le dit pas trop fort, mais il estime qu'il n'est pas impossible qu'une dissolution mette un terme prématuré à ce deuxième quinquennat, que de nouvelles élections législatives aient lieu, pourquoi Emmanuel Macron aurait envie de subir une cohabitation ? Et, dès lors… « Qui d'autre à part Jean-Luc Mélenchon pour être Premier ministre ou Président de la République ? » Des scénarii mélenchoniens sont toujours en cours d'élaboration. Du Brésil ou d'ailleurs, il guettera désormais une nouvelle brèche, un nouveau trou de souris dans la nouvelle situation politique susceptible de le porter au pouvoir.

Le soir du deuxième tour des élections législatives, la Nupes était réunie à l'Élysée-Montmartre, à Paris. Jean-Luc Mélenchon était descendu devant la masse de jeunes qui l'attendaient dans la rue et leur avait livré quelques clés. Il avait fait une digression sur le « jaillissement de la vie », il avait parlé du « défi qui vous fait une proposition ». « Vous voyez tout d'un coup une faille, quelque chose qui vous amène, un bout de lumière. Couic. C'est de ce côté-là qu'il faut courir. » En coulisse, à Manuel Bompard, il avait dit : « Sans doute allons-nous être confrontés à une nouvelle situation de blocage et personne ne peut exclure un retour aux urnes dans les prochains mois ou années. » Depuis, il le répète à longueur de journée :

il est en retrait, pas à la retraite. Un dernier tour de piste n'est pas exclu. L'éternel retour est une idée mystérieuse et elle met la gauche dans l'embarras. Seul un événement extérieur pourrait précipiter la fin de l'histoire. Mercredi 14 septembre 2022, *Le Canard enchaîné* révèle que l'épouse d'Adrien Quatennens a déposé une main courante pour violence conjugale. Dimanche 18 septembre, celui-ci reconnaît qu'il a donné une gifle à sa femme et se retire de sa fonction de coordinateur du mouvement. Jean-Luc Mélenchon réagit dans la foulée, sur Twitter : « La malveillance policière, le voyeurisme médiatique, les réseaux sociaux se sont invités dans le divorce conflictuel d'Adrien et Céline Quatennens. Adrien décide de tout prendre sur lui. Je salue sa dignité et son courage. Je lui dis ma confiance et mon affection. » Pas un mot pour la victime. Jean-Luc Mélenchon assure « peser ses mots tout le temps ». D'ordinaire prompte à relayer la parole d'évangile de leur leader, l'écrasante majorité des Insoumis s'est tue avant d'exprimer des voix discordantes. Un point de bascule inédit ? À l'heure où nous mettons sous presse, la gestion problématique de l'affaire pourrait accélérer le passage de relais de Mélenchon qui ne semble plus intouchable.

Si jamais Jean-Luc Mélenchon décide de passer la main, ce sera le grand trou d'air chez les Insoumis, guettés par le syndrome de régression. C'est comme s'il ne pouvait pas se survivre à lui-même. À LFI, la démocratie interne est un concept assez vague. Le chef est allergique aux congrès depuis son long passage au PS. Il n'y a pas d'opposition déclarée, jamais de tentatives de putsch. L'organisation démocratique interne n'est pas un sujet majeur qui mérite d'être débattu. Sinon, c'est la porte. Le ménage a été fait les années précédentes, on a chassé les dernières poussières invisibles, il ne reste que les moutons. Ceux qui ne sont pas contents peuvent partir. Ils sont partis. Charlotte Girard, la veuve de Christian Delapierre, l'historique plus proche conseiller politique du Jupiter Insoumis, est partie en 2019. Elle s'était épanchée dans *Le Point* : « Tant qu'on est d'accord, tout va bien. Mais il n'y a pas de moyens de ne pas être d'accord. » Thomas Guénolé, politologue, est parti la même année : « C'est un dictateur entouré de courtisans prêts à encaisser des humiliations insensées pour rester en bonne grâce. L'ambiance chez les Insoumis est tout simplement irrespirable. »

Il n'est donc pas étonnant que le sujet de la succession de Jean-Luc Mélenchon soit si délicat. Le sujet n'a même jamais été évoqué lors d'une réunion collective. Elle est impossible. Le sujet est explosif. Pour l'instant, Mélenchon ne veut pas désigner de successeur(e), mais il aime mettre ses favoris en lumière. Pour qu'aucun ne s'impose ? Éric Coquerel et Alexis Corbière, les vieux grognards, ne semblent plus représenter un avenir. Reste la jeune garde. Chacun croit qu'il a une carte à jouer. Les critères d'excellence sont connus : être à l'aise sur tous les sujets et être capable de décliner une vision globale. Savoir diriger et rassembler une équipe. Être un bon orateur et une figure nationale.

Les statuts de LFI sont limpides : le patron, c'est Manuel Bompard. Président statutaire. C'est lui qui a repris la circonscription marseillaise du député Mélenchon. Tout ça ne veut pas tout dire, mais ça ne veut pas rien dire. Manuel Bompard, 36 ans, est le cerveau droit du patron. L'hémisphère scientifique, froid, clinique et cynique. Une science consommée du camouflage, même s'il a passé le mur du son médiatique lors des négociations médiatiques. Manuel Bompard a piloté trois campagnes présidentielles. Il n'a jamais démérité. Dorénavant, un regard suffit entre les deux hommes. Mélenchon estime qu'il est le plus malin, le plus fin, celui qui est le plus prêt de tous, mais qu'il a tout de même une limite : son accent traînant et sa tenue vestimentaire.

Mathilde Panot, 33 ans, c'est la chouchoute de Jean-Luc Mélenchon. La députée du Val-de-Marne est la nouvelle présidente du groupe Insoumis à l'Assemblée nationale. Une gniaque indéfectible, la gouaille incisive qui rappelle les grandes heures du chef. Une cote de popularité au zénith chez les Insoumis. Quand on la traite de poissonnière, elle prend un train pour la Bretagne et s'arrête au premier marché aux poissons : « Vous faites un très beau métier. » Jean-Luc Mélenchon adore, c'est elle qui l'impressionne le plus. Aux journées d'été de LFI, elle déambule parmi les militants avec un sac à dos pour y fourrer tous les cadeaux qui lui sont destinés. Mais quand il n'est pas là, il peut lui arriver de dire n'importe quoi. L'été dernier, elle a publié un tweet alambiqué le jour de la célébration de la rafle du Vél' d'Hiv', le 17 juillet. « Il y a quatre-vingts ans, les collaborationnistes du régime de Vichy ont organisé la rafle du Vél' d'Hiv'. Ne pas oublier ces crimes, aujourd'hui plus que jamais, avec un président de la République qui rend honneur à Pétain et 89 députés RN. » Elle a mis des jours à se dépatouiller de la polémique.

Adrien Quatennens, 32 ans, n'est pas bousculé par des grands courants d'air de fantaisie (sauf quand il joue de la guitare électrique), mais c'est parce qu'il est concentré. Il se voit de plus en plus en successeur, Jean-Luc Mélenchon de moins en moins. Quatennens sait que, désormais, Mélenchon lui préfère Manuel Bompard ou Mathilde Panot. Pourtant, il a été formé par Jean-Luc Mélenchon alors qu'il était encore un gamin. À 17 ans, il lui a fait lire Trotski, lui inculque toutes les subtilités du combat politique. Le plus doué et le plus perroquet. En 2017, à peine âgé de 27 ans, il est élu député du Nord. Un Ch'ti, une gueule noire sous des cheveux roux. En 2021, il a même écrit un livre au titre « plus fayot tu meurs » : *Génération Mélenchon*. À LFI, tout le monde était plié de rire. Ils ont rebaptisé l'ouvrage « vénération Mélenchon ». L'héritier naturel a quelque peu dégringolé sur l'échelle. Tout le monde le voit quand le chef lui bat froid. Pour Mélenchon, il est le meilleur exécutant, celui qui parle le mieux, mais il est aussi le moins intuitif. Devant un nouveau problème politique, il n'est jamais certain qu'il trouvera la bonne solution. Mélenchon le soupçonne aussi de se servir du parti, qu'il dirige, pour passer le plus possible à la télé. « L'affaire » pourrait lui être fatale.

François Ruffin, 46 ans, a décidé de prendre l'autoroute de l'autopromotion sans payer le péage. L'ex-journaliste, devenu député de la Somme, s'externalise tellement qu'il semble avoir un pied et demi en dehors du mouvement Insoumis. Il sait ce qui l'attend s'il prend trop l'air. Durant la campagne présidentielle, il a fait quelques apparitions. Fugaces. Lors des élections législatives, il n'a pas pris soin d'imprimer le logo de la Nupes sur ses affiches de candidat de plus en plus indépendant. Mélenchon a apprécié… Mais il n'est plus surpris par le manque d'élégance et d'allégeance de l'électron de plus en plus libre de son mouvement. Il s'en amuse tout en restant vigilant, il émet quelques mises en garde. François Ruffin ne veut rien entendre. Il veut « peser sur la ligne ». Sa tentation est trop grande de tenir le premier rôle. Il est persuadé qu'à force de négliger la France périphérique, truffée d'anciens bastions de gauche désormais acquis au Rassemblement national, Jean-Luc Mélenchon restera à jamais un perdant magnifique. Jean-Luc Mélenchon ne l'apprécie pas beaucoup, les autres ne l'aiment pas du tout. Ses ambitions personnelles dérangent, ses judicieuses intuitions agacent. Lui, essaye de tisser son réseau au sein même du groupe Insoumis à l'Assemblée nationale. Il est encore loin du compte. Ruffin est déjà dans l'après. Et dans l'ailleurs ?

Clémentine Autain, 49 ans, est sur la même ligne de démarcation que François Ruffin, mais elle essaye de manœuvrer plus finement. À longueur de déclarations publiques, elle regrette le manque de démocratie interne et appelle à tourner la page d'un mouvement trop « gazeux » pour être efficace et donner le moins de prise possible à la polémique. L'« affaire Quatennens » en est l'illustration la plus éclatante. Elle est sortie du bois, sans doute un peu trop tôt. Pour Jean-Luc Mélenchon, elle n'a pas encore fait la preuve qu'elle pouvait être une dirigeante.

En définitive, Mélenchon pense que parmi cette abondance de talents, certains renonceront en chemin. L'abnégation exigée en dissuadera plus d'un. S'il fallait mettre une pièce sur le vainqueur final du leadership à venir, on mettrait même un billet sur un ticket qui mettrait tout le monde d'accord : Mathilde Panot et Manuel Bompard. Mais on n'en saura rien avant un bon moment. Lors d'une émission, Mélenchon a dit : « Être remplacé ? Je raconte n'importe quoi pour qu'on me foute la paix. » Il a construit un mouvement, il est le leader moral de la nouvelle gauche, il ne laissera pas une guerre de succession dilapider tout son héritage, il ne confiera pas les clés à n'importe qui. Toute la gauche est suspendue à sa décision.

Épilogue

On a ramassé nos carnets de notes, nos stylos, nos interviews archivées et on s'est éclipsé. On s'est retourné, on a vu qu'on avait laissé un tas de choses en suspens, la politique n'arrive jamais à destination. On laisse mille questions derrière nous.

On ne sait pas si la Nupes tiendra la distance, si elle a le sourire du père Noël ou l'âme d'une étoile morte.

Si elle sera aussi fragile qu'une bulle de savon ou si elle sera aussi inarrêtable qu'une locomotive lancée à pleine vitesse.

Si le PS et les Verts ne payent pas trop cher le prix de l'union alors qu'ils ne valaient déjà plus grand-chose.

Si le PS et les Verts finiront par imploser dans l'ombre castratrice des Insoumis.

S'il y aura un(e) candidat(e) unique de la gauche en 2027.

Si les Insoumis finiront par exploser à la lumière violente de la gestion de l'affaire Quatennens ou s'ils seront irradiés au feu d'une impossible succession.

Si Olivier Faure déjeunera encore souvent avec Jean-Luc Mélenchon.

Si Jean-Luc Mélenchon décidera de quitter la scène.

Si Olivier Faure réussira à surprendre tout le monde en devenant le prochain Élu de la gauche réunie.

Si Sandrine Rousseau réussira à mettre la main sur le mouvement écologiste.

Si Christiane Taubira, Anne Hidalgo, Yannick Jadot et François Hollande reviendront en plein jour.

Avant de fermer la porte, il nous revient en mémoire beaucoup de rencontres, encore plus de coups de fil. Des regards intenses remplis de regrets, d'envie, de fragilité ou de tension. Des intonations de voix qui voulaient dissimuler une grande anxiété ou attester d'une grande assurance. Des petits silences remplis d'euphorie. Des airs exagérément satisfaits. Des sourires énigmatiques de ceux qui garderaient pour toujours une bonne info.

Sans la pulpe humaine, la politique n'a aucun goût.

On se souvient d'un déjeuner avec Yannick Jadot près de chez lui, place Denfert-Rochereau. Il avait commandé une belle entrecôte saignante. Avec des pommes de terre sautées, on avait décrit le menu dans un article. Son attachée de presse nous avait appelé le lendemain. « La viande… Pour un candidat écologiste… Vous auriez pu éviter, non ? »

On se souvient d'une belle engueulade téléphonique, un soir d'hiver, avec Olivier Faure qui n'en pouvait plus qu'on le fasse réagir aux attaques incessantes et acrimonieuses de ses adversaires de la minorité au Parti socialiste. Son impassibilité légendaire n'avait pas résisté au point d'ébullition : « Mais vous avez un cerveau ou quoi ? »

On s'était alors interrogé un instant sur le rôle du journaliste politique. Au doigt mouillé, on s'est dit qu'on était intoxiqué 90 % du temps. Mais aussi qu'une information exacte et publiée pouvait devenir un fait politique. Le journaliste sait beaucoup de choses puisqu'il parle à tout le monde. On ne compte plus les questions sur les « autres ». Pierre Jouvet, au début des négociations de la Nupes : « Ils bougent comment les Insoumis ? Vous savez ? » Manuel Bompard au même moment : « Ils ont les jetons les socialistes ? » Sandrine Rousseau pendant la campagne présidentielle : « Il dit quoi de moi, Jadot ? » Patrick Mennucci, socialiste dissident, en janvier 2022 : « Il va vraiment y aller Hollande ? Vous avez des infos ? » On a constaté qu'avec nos interlocuteurs, il fallait souvent faire la part entre la foi et le cynisme, avec l'intérêt général qui peut flotter, mollement, au milieu.

On se souvient de déjeuners avec Guillaume Lacroix, le président du Parti radical de gauche. Il nous a envoyé ce témoignage quand on lui a demandé de nous condenser son année en quelques lignes. C'est assez bien résumé : « 3 mai 22 h 48. Message Telegram de Jean-Luc Mélenchon qui me demande : “Et toi ?” À ce moment-là, il est en train de signer l'accord législatif avec le PS. Moi ? En tant qu'inlassable unitaire d'une gauche de gouvernement (ce qui m'a poussé à promouvoir l'improbable et périlleuse tentative de rassemblement avec Taubira), je n'en serai pas. Au-delà de la relation humaine et politique que j'assume pleinement avec le leader Insoumis, je ne peux honnêtement pas dissoudre autant de divergences de fond dans un accord électoral de reddition, avec génuflexion, devant LFI. Ironiquement, je revois défiler devant moi Hidalgo, Jadot, Bayou, Faure, et tous les autres artisans défaits de la division de la gauche au nom de la pureté de leurs convictions de chapelle. Je les vois tous signer une survie partisane avec leur diable d'hier, sur l'autel du profit électoral de court terme. Je sais qu'il en coûtera au PRG de ne pas suivre. La Nupes n'épargnera pas nos sortants. Ainsi va la gauche de 2022 qui a renoncé à gouverner. »

On se souvient d'un dîner, en novembre 2021, dans une brasserie de Saint-Étienne. L'horloge indiquait 23 heures et Anne Hidalgo s'étonnait qu'on puisse commander une choucroute royale aussi tard. Elle avait perdu beaucoup de poids à force de parcourir la France entière pour rattraper vainement le temps perdu. Elle se consumait aussi intérieurement, elle venait d'achever une réunion publique dans une petite salle maussade, devant une centaine de militants. Tout était triste. Quelques semaines plus tard, on déjeunait avec son mari, l'ancien député socialiste, Jean-Marc Germain. Il nous avait enguirlandé : « Mais pourquoi vous ne faites pas plus d'articles sur le programme de la candidate ? » On lui avait répondu que c'était compliqué, Anne Hidalgo était à 5 % dans les sondages… Ce programme ne risquait pas de s'appliquer un jour. Alors, il a remis ses théories de victoire inéluctable sur la table. Il était heureux comme s'il avait trouvé la solution de la quadrature du cercle. « Mathématiquement, c'est jouable. Si on additionne… » Il assénait des chiffres à tout-va, ses yeux brillaient comme des soucoupes volantes, il semblait perdu dans des pensées cosmiques.

On se souvient des yeux rieurs de François Hollande. Il donne toujours ce sentiment étrange de ne jamais être effleuré par le doute, surtout quand il s'agit de miser sur lui-même. Pour illustrer sa folle année, il nous a confié ceci : « À quelques jours du premier tour de cette élection présidentielle, j'ai rencontré une dame dans la rue, une magistrate, nous nous connaissons. Elle m'a dit : “Au premier tour, je vote Mélenchon pour éliminer Le Pen. Au second, je vote Macron pour éliminer Mélenchon.” Où est l'espérance ? »

On se souvient du regard sombre de Christiane Taubira après un meeting à Bordeaux durant lequel elle venait de chanter du Jean Ferrat a capella. Dans la coulisse, elle tentait, une fois encore, devant quelques journalistes, de justifier sa candidature qui serait gagnante. Par mégarde, on avait levé un sourcil de doute. Elle l'avait vu et s'était emportée : « Comment ça, vous ne comprenez pas ma démarche ? C'est pourtant très clair. »

On se souvient de cette phrase que Jean-Luc Mélenchon pouvait prononcer plusieurs fois par jour et qui le rendait humain, tout à coup : « Parlez plus fort. Je suis sourd d'une oreille. »

Table

Avertissement 7
Prologue 9

Carnets de campagnes

1. La campagne catastrophe d'Anne Hidalgo 19
2. La campagne bricolée de Yannick Jadot, l'écolo solitaire 57
3. Francois Hollande s'était préparé 87
4. L'intermède cacophonique de la candidature de Christiane Taubira 103
5. La campagne parfaite de Jean-Luc Mélenchon ? 119

Les jours qui ont fait la Nupes

L'avenir en question

1. La haine au PS 223
2. Les Verts toujours en jachère 253
3. L'hypothétique succession de Jean-Luc Mélenchon 263

Épilogue 273

Cet ouvrage a été composé
par PCA
et achevé d'imprimer en France
par CPI BRODARD & TAUPIN (72200 La Flèche)
pour le compte des Éditions Stock
21, rue du Montparnasse, 75006 Paris
en octobre 2022

PAPIER À BASE DE FIBRES CERTIFIÉES

Stock s'engage pour l'environnement en réduisant l'empreinte carbone de ses livres. Celle de cet exemplaire est de :
500 g éq. CO_2
Rendez-vous sur www.editions-stock-durable.fr

Imprimé en France

Dépôt légal : novembre 2022
N° d'édition : 01 - N° d'impression : 3049658
83-07-0214/8